KB011676

논어

안티쿠스
CLASSIC
06

논어

공자 지음 / 한필훈 옮김

안티쿠스
ANTIQUUS

옮긴이의 말

공자는 현실 속에서 도를 닦은 사람이다. 그가 살아간 춘추시대는 전쟁과 폭정으로 얼룩진 혼란기였다. 가혹한 정치와 하루가 멀다 하고 일어나는 전쟁에 시달리는 백성들의 입에선 신음소리가 그칠 날이 없었다. 나라는 나라대로 개인은 개인대로 각자의 이익에만 집착해 인간성은 날로 황폐해져 갔다. 공자는 그 어지러운 시대와 정면으로 대결했다. 공자가 찾으려 한 것은 인간이 참으로 행복해질 수 있는 삶의 길이었다.

공자는 행복은 마음에서 온다고 믿었다. 돈과 권력을 향해 줄달

음치는 사람들에게 먼저 양심을 지키라고 호소했다. 언제나 남과 경쟁하고 이익을 얻기 위해 마음 졸이는 사람은 결코 내면의 평화를 얻지 못한다. 항상 불안하고 초조하다. 보약을 아무리 먹어도 건강은 나빠진다. 공자는 이렇게 살아서는 결코 행복할 수 없다고 생각했다. 행복은 양심을 지키며 정직하게 사는 사람들만이 얻을 수 있는 특권이다. 그런 사람들은 경제적으로는 넉넉지 못할지 모르지만 항상 마음 편하고 떳떳하다. 가족과 이웃들에게도 부끄러울 일이 없다. 작은 일에서부터 스스로 떳떳할 때 참으로 자유로울 수 있고 행복을 느낄 수도 있다. 이것은 권력과 돈 따위와는 비교할 수도 없는 인생의 가장 커다란 이익이다. 평생을 행복하려면 정직하여라!

공자는 자기 자신을 사랑하듯이 남을 사랑하라고 하였다. 세상에 무시당하는 것을 좋아하는 사람은 없다. 나 자신은 남에게 무시당하는 것을 싫어하면서 왜 자기보다 조금 못하다고 하여 다른 사람을 업신여기는가? 자기 가족은 그토록 애지중지하면서 왜 남의 가족들이 살 집을 엉터리로 짓는가? 공자는 남의 생명과 행복을 빼앗는 것은 곧 자기 자신을 파괴하는 것이라고 생각했다. 남을 해치려는 악한 마음을 먹는 순간 그 독기가 먼저 자기를 해치기 때문이다. 결국 공자는 남을 위해서가 아니라 나 자신의 행복을 위해 남을 사랑하라고 한 것이다. 나와 남은 결코 둘이 아니기 때문이다. 아무리 악한 사람도 자기 부모나 자식만은 사랑한다. 부모나 자식이 죽으면 진심으로 슬퍼한다. 그것이 인간의 본성이다. 공자는 자신과 가족을 사랑하는 이 마음을 넓혀서 남을 사랑한다면 사람 사는 세상에서 비극이 사라질 것이라고 보았다.

공자는 사람이 사람답게 살 수 있는 사회가 되려면 궁극적으로 사람 자체가 사람답게 변해야 한다고 생각했다. 그리고 무엇보다 먼저 현실적 힘을 가진 권력자들이 양심과 도덕을 회복해야 한다고 보았다. 위정자들이 자신의 이익에만 몰두하여 정직한 마음을 버릴 때 수많은 사람들에게 엄청난 괴로움을 안겨 주게 된다. 이것이 어쩔 수 없는 현실이다. 공자는 이 현실의 힘을 그대로 인정

했다. 그리고 그 힘을 이용해 사회를 개혁하려고 애썼다. 바람이 불면 풀은 눕듯이 한 사람의 권력자가 정의로운 마음을 갖추고 올바른 정치를 펼친다면 그 혜택은 이루 말할 수 없이 많은 사람들의 삶에 미치게 된다. 그래서 공자는 평생 동안 왕들을 찾아다니며 백성을 사랑하는 정치를 펴라고 호소한 것이다.

공자는 어지러운 세상을 피해 숨어 사는 은둔자들의 충고와 비아냥을 받으면서도 끝까지 사회를 개혁하려는 열망을 버리지 않았다. 공자는 왜 산에 들어가 도를 닦거나 숨어 살면서 자신의 고결함을 지키려 하지 않았을까? 왜 권모술수와 배신이 판치는 정치의 흙탕물에 굳이 뛰어들려 했을까? 그것은 비록 혼란스러운 세상일망정 그 곳이 사람들이 살아가는 삶의 무대이기 때문이다. 사회는 내 사랑하는 부모와 자식, 그리고 그렇게 소중한 수많은 가족들이 모여 사는 근거지이다. 그러므로 자기 한 몸 깨끗하게 지키기 위해 사회 현실에서 눈을 돌리는 것은 비정한 짓이다. 공자는 사람을 진정으로 사랑하는 사람은 결코 남들의 고통을 접어 둘 수 없다고 생각했다.

논어는 난세를 헤쳐 나가며 인간 삶의 길을 찾았던 공자라는 위대한 사상가의 인생과 세상에 대한 통찰이 담겨 있는 책이다. 곁에 두고 이따금 천천히 음미하며 읽어 보면 짧은 말 한마디 한마디에 녹아 있는 생각의 깊이가 날로 새롭게 다가온다. 한때 머리를 자극하는 짜릿함보다는 두고두고 몸으로 느껴지는 은근한 맛이 논어의 매력이다. 논어는 결코 크고 먼 것을 이야기하지 않는다. 우리 일상 속의 작은 일들을 통해 사람답게 사는 길이 무엇인가를 잔잔히 깨우쳐 준다. 이것이 2500여 년이라는 긴 세월 동안 동양의 문화적 유전자로 이어져 내려온 논어의 생명력일 것이다.

논어가 간직한 큰 힘을 어렴풋하게나마 느껴 온 사람으로서 늘 마음 한켠에 아쉬움이 있었다. 우리는 라틴어를 몰라도 한글로 번역된 성서를 통해 서양 문명의 뿌리를 살펴볼 수 있는데, 왜 한문을 모르는 사람들도 쉽게 읽을 수 있는 논어는 나오지 않는 것일까 하는 생각이었다. 오랜 망설임 끝에 한번 만용을 부려 보았다.

한문이라는 장벽을 완전히 걷어내고 그 안에 숨어 있는 알맹이를 누구라도 쉽게 읽을 수 있는 일상적인 우리말로 옮기기로 했다. 원문에 충실하여 고전의 향기를 잃지 않으면서도 논어를 오늘의 언어, 오늘의 개념으로 새롭게 해석하려고 노력하였다. 원문은 간단히 소개하기만 했고, 내용을 이해하는 데 꼭 필요한 경우를 빼고는 주나 해설을 붙이지 않았다. 섣부르게 주관적인 해설을 다는 것은 하나의 압축 파일과도 같은 논어를 독자들이 다양한 입장에서 공감하는 것을 가로막을 뿐이라는 생각에서였다.

옛 선비들은 겨울에는 논어, 여름에는 맹자를 읽었다고 한다. 논어에서 우러나오는 훈훈한 기운으로 한기를 녹이고, 맹자의 시원한 논리에 몰입하여 더위를 잊었다는 것이다. 언제 끝날지 알 수 없는 사회적 한파를 맞아 마음마저 꽁꽁 얼어붙은 우리들에게 논어는 따뜻한 위로의 말과 함께 당당하게 인생을 헤쳐 갈 수 있는 지혜와 힘을 전해 줄 것이다.

이 책의 초판은 1998년 4월에 동녘출판사에서 출간되었다. 훌륭한 해설을 적어 주신 김교빈 교수님과 새롭게 책을 단장해 주신 안티쿠스 김종만 대표께 감사드린다. 이 글을 쓸 때 초롱한 눈매의 꼬마였던 두 아이가 자라서 어엿한 대학생이 되었다. 두 아이의 삶에도 논어가 자양분이 되기를 바란다.

2012년 9월

한필훈

차례

동양의 지혜, 논어 論語

김교빈(호서대학교 교수 | 철학)

I

한 권의 책이 사람의 인생을 바꾸어 놓는 경우가 있다. 호머의 『일리아드』와 『오딧세이』를 어려서부터 탐독해서 그 내용을 줄줄이 외웠다는 슐리이만은 마침내 어른이 되어 아무도 그 실존을 믿지 않았던 트로이 성을 오랜 탐사를 거쳐 발견함으로써 호머의 이야기가 역사적 사실임을 증명하였다. 어린 시절 친구들로부터 조막손이라고 놀림을 받으면서도 어려움을 딛고 일어서서 중간자를 발견해 냄으로써 동양 사람으로는 처음으로 노벨 물리학상을 받은 유가와 히데키는 자신의 발견이 『노자 도덕경』에서 영향을 받은 것이라고 하였다. 얼마나 많은 책들이 얼마나 많은 사람들의 인생을 바꾸었을까?

동서양을 막론하고 이런 범주에 속하는 책은 많다. 우리는 이런 책들을 고전이라고 부른다. 고전은 오래된 책이라는 뜻이 아니라 기나긴 역사 속에서 많은 사람들의 모범이 된 책을 가리키는 말이다. 따라서 시대적 역할을 다한 골동품 같은 것이 아니며, 시대를 넘어서서 오늘날에도 여전히 많은 사람들의 인생을 바꿀 수 있는 힘을 가지고 있다. 동양의 책들 가운데 고전 중의 고전으로 꼽힐 수 있는 책이 바로 『논어』이다. 특히 동아시아 사회에서 논어는 근대 이전까지 대부분의 지식인들이 일생 동안 반드시 몇 백 번, 몇 천 번을 되풀이해서 읽는 고전이었다. 그들은 논어에서 인생의 의미를 배우고 바르게 살아가는 법을 익혔으며 자신의 삶을 되돌아보곤 하였다.

우리나라 대부분의 호텔에는 여행객들이 긴장된 마음이나 들뜬 기분을 가라앉힐 수 있도록 하기 위하여 방마다 성경이 한 권씩 놓여 있다. 왜 그런 곳에 논어가 놓여 있지 않은 걸까? 그 까닭은 아마도 한편으로는 논어가 가지고 있는 힘을 모르기 때문이며, 다른 한편으로는 누구나 쉽게 볼 수 있도록 잘 번역된 책이 별로 없기 때문일 것이다. 청소년들의 경우도 마찬가지이다. 논어가 동양의 고전이라는 사실을 모르는 사람은 거의 없다. 하지만 막상 논어에 나오는 유명한 말을 인용하면서도 그 말이 논어에 들어 있다는 사실을 아는 사람은 많지 않다. '살신성인'이니 '극기복례'니 '불혹'이니 하는 말들이 다 그러하다. 이것 또한 젊은이들이 쉽게 접할 수 있도록 된 책이 별로 없기 때문이다. 일본에서는 초등학교 교재에도 논어 구절들이 들어 있는 것으로 안다. 좋은 책은 나이나 국경이나 인종을 초월하여 읽혀야 한다.

2

논어란 무슨 뜻일까? 반고는 『한서』「예문지」에서 다음과 같이 말하였다.

"논어는 공자가 제자들이나 다른 사람들의 질문에 응답한 말과 제자들이 주고받거나 선생님께 직접들은 말들을 모아 놓은 책이다. 당시 제자들이 제 나름대로 각자 적어두었던 것을 선생님이 돌아가신 뒤에 의논하여 편찬하였기 때문에 논어라고 하였다."

논어는 의논하여論 편찬한 말語이라는 뜻이다. 제목이 주는 의미가 너무도 평범해서 고전이라는 평가에 잘 어울리지 않는 것처럼 보이기도 한다. 만일 '위대한 진리' 같은 제목이 붙었더라면 어떠했을까? 이런 제목이었다면 오늘까지 이어지는 생명력을 가진 책이 되기 어려웠을지 모른다. 논어에서 말하는 진리는 우리 일상 속에 담겨진 것들이다. 우리는 진리라고 하면 일상생활과는 다른 무엇인가를 연상하기 쉽다. 그러나 밥이 무슨 특별한 맛이 있던가? 밥은 별다른 맛이 없기 때문에 일생동안 먹으면서도 질리지 않는 것이다. 이처럼 논어가 지닌 맛은 밥맛과도 같다. 그래서 특이한 느낌은 없지만 읽을 때마다 잔잔하게 우리 가슴에 와 닿는 것이다. 바로 이것이 논어가 가진 힘이다.

논어가 처음 만들어진 때는 춘추전국 시대일터이지만, 지금 우리가 보는 모습으로 다듬어진 것은 한나라 때이다. 춘추전국의 혼란을 통일한 진시황은 길이 · 넓이 · 무게 등을 재는 도구와 화폐를 통일하였고 나아가 사상도 통일하려고 하였다. 그래서 제자백가의 책을 지니고 있으면 안 된다는 법을 만들고, 의학이나 약학 관련 책과 점치는 데 쓰거나 농사에 필요한 실용적인 책들을 제외하고는 대부분의 고전을 불태웠으며, 많은 학자들을 잡아다가 매장시켜버렸다. 이것이 유명한 '분서갱유'이다. 논어도 그러한 운명에서 예외는 아니었다. 하지만 지식인들의 고전에 대한 애착을 막을 수는 없었기 때문에 험악한 세월이 지나자 분서갱유를 피해 제나라 지방에서 전해오던 것과 노나라 지방에서 전해오던 것, 그리고 공자의 옛 집 벽에 감추어 두었던 것까지 세 종류의 논어가 나타났다. 당시 한나라의 지식인들이 이 세 종류 가운데 노나라 것을 중심으로 삼아 종합해 낸 것이 지금의 논어이다.

논어는 모두 20편으로 이루어져 있으며, 각 편마다 이름이 붙어 있다. 하지만 각 편의 이름은 큰 의미가 없다. 처음 나오는 문장의 앞머리 두세 글자를 따서 붙였을 뿐이다. 예를 들어 '배우고 때때로 익히니學而時習之'로 시작하는 첫 번째 편 이름은 「학이」이고, '정치를 하는 데 덕으로 한다면爲政以德'으로 시작하는 두 번째 편 이름은 「위정」이다. 맨 마지막 편은 '요임금이 말씀하시길堯曰'로 시작하기 때문에 「요왈」이 되었다. 따라서 각 편마다 내용상 약간의 특징이 있기는 하지만 제목이 그 편의 내용을 보여주는 것은 아니다.

3

공자는 어떤 인물이었을까? 사람들은 공자를 소크라테스 · 예수 · 석가와 더불어 세계 4대 성인 가운데 한 사람으로 꼽는다. 공자를 따르던 제자들에게도 공자는 살아 있는 성인으로 보였던 모양이다. 그래서 공자가 가장 아꼈던 제자 안연顔淵은 스승 공자를 도저히 따라잡을 수 없다고 탄식하였고, 자공子貢은 하늘에다 비유하기도 하였다. 한나라에서는 한때 공자가 신격화된 적도 있었다. 하지만 공자의 위대함은 그가 보통사람이었다는 데 있다. 사실 공자는 아끼던 제자가 먼저 죽었을 때 정신을 잃고 통곡하기도 했고, 낮잠 자는 제자를 야단치기도 했으며, 못된 인간들에 대해서는 불같이 성을 내기도 한 지극히 평범한 사람이었다. 그는 무언가 일상과는 다른 높고 대단한 진리를 이야기한 것이 아니라 아주 평범한 일상생활 속에서 진리를 찾았던 사람이다. 그렇기 때문에 오히려 공자 사상의 생명력은 오늘까지 이어지고 있다. 공자를 잘 이해하지 못하면 동아시아 여러 나라의 중심 문화를 이해할 수 없고 아울러 우리의 전통적인 삶의 양식을 잘 모를 정도이다.

공자는 기원전 551년부터 479년까지 73세를 살았다. 당시는 천자의 권력이 약해지면서 중국 전체가 어지러워지기 시작한 춘추시대였다. 기원전 11세기 무렵 은나라를 멸망시키고 황하 유역을 차지한 주나라는 중국 전체를 사방 100리 · 70리 · 50리 규모로 나누어 각 지역마다 제후들을 세우고, 천자는 중앙에서 사방 1000리의 땅을 다스리는 봉건제도를 확립하였다. 주나라 초기에는 모두 71개의 제후국 가운데 천자와 같은 성씨를 쓰는 제후가 55개국이었고, 나머지는 공신이나 왕실과 혼인관계가 있는 신하들이 맡아서 다스렸다. 더구나 제후들도 자기가 받은 땅을 다시 형제와 친척들에게 나누어 주기도 하였으며, 각 제후국에서는 맏아들이 왕위를 계승하였다. 그래서 통치의 꼭대기에 천자의 친족인 종가집을 두고, 다시 그 종가집과 피의 관계를 맺고 있는 제후들의 작은 종가집이 있고, 또 제후들의 작은 종가집과 혈연관계로 연결된 귀족들을 둠으로써 통치체계 전체가 가족관계를 이루는 강력한 지배력을 가진 국가를 만들었다. 이같이 혈연에 기초한 통치방식을 종법제도라고 한다.

천자와 제후, 또는 제후와 그 신하들이 부모와 자식 관계나 형제 관계로 이루어진 봉건제가 안정을 유지하기 위해서는 가족윤리가 강조될 수밖에 없었으며, 이러한 구조 때문에 봉건제 초창기에 주나라는 강력한 힘을 발휘할 수 있었다. 하지만 이 같은 안정은 오래가지 않았다. 시간이 갈수록 피로 맺은 관계가 멀어지면서도 제도 자체가 힘을 잃고 만 것이다. 땅을 처음 나누어 가질 때는 형제였지만, 200~300년 지나 10대를 내려가면 남과 크게 다를 것이 없는 20촌이 되었다. 그래서 이제는 자기가 다스리는 영지를 기반으로 천자에게 대들기도 하고, 경우에 따라서는 이웃나라와 전쟁을 일으켜 땅과 사람들을 빼앗아 가기 시작하였다. 더 이상 피의 관계가 지배하는 것이 아니라 힘이 지배하는 사회가 된 것이다.

공자는 이러한 혼란기에 지금 산동성 곡부에 해당하는 노나라 창평향 추라는 마을에서 태어났다. 노나라는 여러 제후국 가운데 힘이 약한 나라였지만, 주나라 초기에 모든 제도와 문물을 설계한 주공의 후손에게 주어진 땅이었다. 논어에는 공자가 "꿈에 주공을 볼 수 없으니 이젠 늙었구나." 하고 탄식하는 대목이 나온다. 사실 공자와 주공은 500년 가까운 차이가 있는 사람들이다. 하지만 공자는 주공을 꿈속에서라도 만나 보기를 바랄 정도로 흠모하였다. 따라서 노나라는 주나라 문화의 전통을 이은 셈이며, 이 같은 문화적 토양이 공자 사상의 성립에 큰 영향을 미쳤다.

4

공자의 이름은 구丘였다. 이것은 공자 어머니가 니구산에 빌어 공자를 가졌기 때문에 붙여진 이름이라고 한다. 공자의 출생에 대해서는 많은 이야기가 있다. 공자의 집안은 몰락한 귀족이었고 아버지 숙량흘은 하급 무사였는데, 당시 70세가 넘었던 공자의 아버지가 아직 어린 소녀였던 공자의 어머니를 얻어 공자를 낳았다고 한다. 그래서 사마천은 '공자의 부모가 야합野合해서 공자를 낳았다'고 하였다. 야합이라는 표현은 좋은 뜻이 아니다. 그 속에는 정상적인 결혼을 통해 낳은 것이 아니라는 의미가 담겨 있다. 그래서 공자는 사생아였다는 소리를 듣기도 한다. 하지만 사생아였다고 해서 공자의 위대성이 줄어드는 것이 아니다. 오히려 그런 어려움을 딛고 일어선 점에서 위대성이 더 돋보인다.

어려서 아버지를 잃은 공자는 홀어머니 밑에서 자란 것으로 보인다. 어린 시절 공자에 대한 기록은 거의 없는 편이지만 어떤 일본 학자는 공자의 어머니가 무당 아니면 잔치 자리에서 춤추는 무녀였고, 더구나 맹인이었을 것이라고 하였다. 그리고 먹고 살기 위하여 맹인인 어머니 손을 이끌고 행사나 잔치 자리를 찾아 돌아다녔기 때문에 어려서부터 예절에 밝게 된 것이라고 하였다. 어쨌든 공자의 어린 시절은 불우했던 것으로 짐작된다. 사마천은 사기에 공자가 젊었을 때 정원을 관리하고 가축을 돌보는 일을 맡기도 하였고, 창고에서 물건을 내주고 받는 일을 하기도 하였다고 기록했다. 아마도 이런 경험들은 당시 백성들의 어려움을 직접 체험할 수 있는 좋은 기회가 되었을 것이다. 그러면서도 공자는 꾸준히 자학자습을 했던 모양이며, 20세 무렵부터 제자들이 있었던 것으로 보인다.

공자를 상징하는 것 가운데 하나가 은행나무이다. 공자는 자신을 따르는 제자들과 은행나무 아래 둘러앉아 이야기를 주고받으면서 가르친 때가 많았다고 한다. 그래서 공자를 모시는 사당에는 은행나무를 심는 것이 관례가 되었다. 조선시대 공자를 모시던 사당이 남아 있는 성균관에도 어른 8~9명이 팔을 맞잡고 둘러싸야 겨우 다 감아 안을 수 있는 은행나무 고목이 있다. 공자는 35세 무렵부터 제자들과 함께 여러 나라를 돌아다니면서 많은 임금을 만났다. 그러나 부국강병책만을 찾던 당시 임금들에게 공자의 사상이 받아들여질 리 없었다. 51세 무렵 공자는 어느 정도 질서가 회복될 기미를 보이던 고향 노나라로 돌아온다. 노나라에서 법을 담당하는 대사구라는 직책을 맡아 모처럼 자신의 뜻을 펼칠 기회를 맞았지만, 노나라가 강해지는 것을 두려워한 이웃 제나라의 방해를 받고 다시 여러 나라를 떠돌아다니게 된다. 수십 년 동안 모두 72명의 임금을 만나고 돌아다녔지만 뜻을 얻지 못한 공자는 마침내 68세 무렵 고향으로 돌아와 제자들을 가르치고 고전을 정리하는 일로 일생을 마쳤다. 공자는 『시경』·『서경』·『주역』·『예기』 등을 정리하였고, 242년간의 역사를 옳고 그름이라는 관점으로 다시 기록한 『춘추』라는 역사책을 짓기도 하였다.

공자는 참으로 고단한 생애를 살았다. 사생아였는지도 모르는 출생에다 맹인이면서 무당이었거나 춤추는 여자였는지도 모르는 어머니. 외아들뿐만 아니라 가장 아끼던 제자 안회와 자로마저 먼저 떠나보낸 삶. 더구나 부인이 도망갔다는 이야기도 있고, 그렇게 노력하였지만 어떤 임금에게서도 뜻을 실현할 기회를 얻지 못한 정치적 불운. 하지만 공자의 사상은 그가 남긴 책들과 제자들을 통해 오늘까지 이어져 오고 있다. 공자에게는 3000명의 제자가 있었다고 한다. 그 가운데 뛰어난 제자만 72명이었으며, 논어에서는 다시 10명의 제자를 추려 공자 문하 열 명의 철학자라는 뜻으로 '공문 10철'이라고 하였다. 공자는 일정한 예를 갖추어 찾아오는 사람이면 누구를 막론하고 다 받아들였다. 그런 점에서 본다면 처음으로 사립학교를 세우고 보통 교육을 실시한 셈이다. 공자의 제자들은 전국 각지에서 새로운 지식을 갈구하면서 공자를 찾아

왔고, 공자가 죽은 다음 다시 중국 각지로 퍼져 갔다. 바로 여기에서 공자 사상이 동양 사상의 큰 틀이 될 수 있는 힘이 나왔다.

5

논어에 나타난 공자의 중심 사상은 무엇일까? 그것은 인仁이다. 논어에는 '인'자가 무려 106번 나온다. 우리는 보통 '인'을 어질다는 뜻으로 새기지만, 어질다는 풀이만으로는 '인'이 가지고 있는 의미를 다 나타낼 수 없다. '인'은 공자에게서 최고의 개념이었다. 유가 사상에서 말하는 덕목들은 인·의·예·지·신처럼 다양하지만 이 모든 덕목을 하나로 줄이면 '인'이 된다. 그렇다면 '인'을 어떻게 설명할 수 있을까? 맹자는 '인'을 "사람이 사는 편안한 집"이라고 했고, 주희는 "하늘과 땅이 만물을 만들어 내는 마음"이라고 했다. 근대 학자들 가운데 강유위는 "사랑의 힘"이라고 했고, 호적은 "사람이 가야 할 길을 다하는 것"이라고 했다. 하지만 공자는 한 번도 '인'을 어려운 말로 설명하지 않았다. 제자들이 '인'에 대해 물을 때마다 묻는 사람에 맞추어 "남을 사랑하라愛人" 거나 "자기 욕심을 누르고 예로 돌아가라克己復禮" 거나 "자기가 하고 싶지 않은 일을 남에게 베풀지 말라己所不欲 勿施於人" 거나 "말을 참으라其言也訒" 고 하였다.

'인'은 두 이二자와 사람 인人자를 합쳐 놓은 것이다. 그 의미는 두 사람 사이의 관계를 나타낸다. 우리는 사람을 가리키는 말로 인간人間이라는 표현을 쓴다. 인간이라는 말을 정확하게 풀면 '사람 사이'라는 뜻이다. 왜 사람 하나를 가리키면서 사람 사이를 나타내는 인간이라는 말을 쓰는 것일까? 사실 혼자 태어나 죽을 때까지 혼자 산 사람이 있다면 그 사람에게 인간이란 아무런 의미가 없을 것이다. 정말 인간다운 것은 사람들과 어울려 사는 속에서 드러나는 것이다. 이런 점에서 본다면 공자의 관심은 철저히 사람에 대한 것이었다. 「선진」편에 나오는 제자 자로와의 대화는 이 같은 공자 사상의 성격을 잘 드러내고 있다. 공자는 죽음에 대해 묻는 자로에게 삶으로 답하였고, 다시 귀신 섬기는 법을 묻는 질문에 사람 섬기는 일로 답하였다. 이처럼 공자가 가장 주의를 기울였던 문제는 사람의 삶이었으며 여기에서 얻은 해답이 '인'이었던 것이다. 어느 날 조정에서 돌아와 마구간이 불탔다는 말을 들은 공자는 사람이 다치지 않았느냐고 묻는다. 왜 마구간에 불이 났는데 말이 얼마나 다쳤는지를 묻지 않고 사람을 물은 것일까? 바로 이 점에서 공자 사상의 특징이 잘 드러난다. 중용과 맹자에서는 '인'을 '사람다움'으로 해석하였다. '인'이란 곧 사람다움을 실현하는 방법이었던 것이다.

공자는 겉만 꾸며서 하는 행동이나 아첨뿐만 아니라 말만 번드르르하게 잘하는 속에는 '인'이 별로 담겨 있지 않다고 하였다. 그리고 따뜻한 인간애, 정의로움, 명석함, 꿋꿋함, 온순함, 선량함, 겸손함, 소박함, 친절함 같은 덕성들은 모두 '인'으로부터 나온다고 보았다. 이 같은 덕성들을 한마디로 표현한다면 '사람다움'이다. 그래서 공자는 「팔일」편에서 "사람이 사람답지 못하면 예절은 배워서 무엇 하겠으며, 사람이 사람답지 못하면 음악은 배워서 무엇 하겠는가." 라고까지 하였다. 아무리 아름다운 음악이나 미술품도 그 예술품을 만든 사람의 사람됨이 사람답지 못하다면 의미가 없다는 뜻이다. 이 이야기는 '인'이 예술다운 예술이 나올 수 있는 바탕으로서의 품성임을 말해준다. 또한 공자는 「이인」편에서 "군자가 인을 버리고 어떻게 이름을 이루겠는가. 군자는 밥 먹는 사이에도 인을 어김이 없으며, 갑작스러운 일을 만나거나 넘어질 때조차도 인을 어기지 않는다." 고 하였다. "몸을 죽여서라도 인을 이룬다" 거나 "인을 실천하는 일에서는 스승에게도 양보하지 않는다." 는 「위령공」편의 언급은 인이 무엇보다도 중요한 개념임을 잘 나타내고 있다.

이 같은 말들을 종합해 볼 때 공자의 가르침은 모두 '인'으로 집약될 수 있다. 공자는 어떤 사람에 대해서도 선뜻 '인' 하다는 평가를 하지 않았다. 그러나 우리가 '인'을 하겠다고 마음먹으면 '인'은 바로 거기에 있다고 말한다. 그 이유는 '인'의 실천이 자발적인 것이기 때문이다. '인'에 대한 유명한 해석 가운데 하나는 공자의 나이 어린 제자 증삼이 풀었던 충忠과 서恕이다. 여기서 말하는 '충'은 국가에 대한 충성이 아니라 자신에 대한 흔들림 없는 성실성이다. '서'는 남의 입장을 헤아리는 자세이다. 따라서 '충서'란 내면적으로는 자기 자신을 다하는 일이고, 밖으로는 남과의 관계에서 내 마음을 미루어 남의 마음을 헤아려 보는 것이다. 이 같은 입장은 유학이 자신을 위한 학문에서 출발하여 남을 위한 학문으로 나아가는 것이며, 그 과정에서 '인'이 사람 사이의 관계를 규정한 덕목이었음을 잘 보여준다.

6

본래 한문으로 쓰여진 대부분의 동양고전들이 그렇듯이 논어도 많은 함축을 지니고 있다. 짧은 말 속에 깊은 삶의 지혜가 담겨 있는 것이다. 그래서 독일의 사회학자 막스 베버는 논어를 읽으면 마치 인디언 추장의 말을 보는 것 같다고 했다. 그들의 말은 매우 일상적이면서도 많은 뜻을 담고 있다.

내게도 논어는 일생을 결정하는 데 중요한 역할을 하였다. 내 나이 또래 사람들은 대부분 어린 시절 부모님으로부터 법대를 가라는 권유를 많이 받았다. 나도 마찬가지였다. 그러다가 중학교 3학년 무렵 우연히 선생님에게서 철학이라는 매력적인 과목이 있다는 이야기를 듣고서 막연하게 철학을 동경하기 시작하였다. 그리고 고등학교 2학년 여름방학 때 논어를 보게 되었다. 별 생각 없이 읽기 시작한 논어는 오랫동안 내 가슴에 훈훈한 기운으로 남았고, 그것이 내 인생을 결정하는 계기가 된 것이다.

한필훈 주간이 번역한 이 책은 논어를 젊은이들도 쉽게 이해할 수 있도록 간결하면서도 현대적 의미를 잘 살려 표현했다는 데 특징이 있다. 좋은 책이 좀더 많은 젊은이들에게 읽혀서 새로운 삶의 계기를 마련해 주는 기회가 되었으면 한다.

學而 학이

1 학문의 즐거움

군자의 기쁨

공자孔子가 말하였다.

"배우고 때로 익히면 기쁘지 않은가? 벗이 먼 곳에서 찾아오면 즐겁지 않은가? 남들이 알아주지 않아도 원망하지 않으면 군자가 아니겠는가?"

*군자(君子) : 도덕적으로 완성된 사람. 공자가 말하는 이상적인 인간형이다.
*공자는 공부란 남들의 인정을 받기 위해서가 아니라 자신을 위해서 하는 것이라고 하였다.

효도와 우애

유자가 말하였다.

"부모에게 효성스럽고 형제 간에 우애 있는 사람이 윗사람에게 도리에 어긋나는 짓을 하는 경우는 드물다. 그리고 윗사람에게 도리에 어긋나는 짓을 하지 않는 사람이 법과 질서를 어지럽히는 경우도 별로 없다. 군자는 근본이 되는 일에 힘써야 하며, 근본이 서면 자연히 자기가 가야 할 길이 열리는 법이다. 부모에게 효도하고 형제 간에 우애 있게 지내는 것은 사람답게 사는 일의 근본이다."

*유자(有子) : 공자의 제자. 본래 이름은 유약(有若)이다.

경계해야 할 사람

공자가 말하였다.

"듣기 좋은 말만 골라 하고 웃는 얼굴빛으로 남의 비위를 맞추는 사람치고 양심적인 사람은 드물다."

반성의 윤리

증자가 말하였다.

"나는 날마다 세 가지를 반성한다. 남을 위해 일하는 데 최선을 다했는가? 친구와 사귀면서 신의가 있었는가? 나도 제대로 실천하지 못하는 것을 남에게 가르치지는 않았는가?"

*증자(曾子) : 공자의 제자. 본래 이름은 증삼(曾參). 공자의 사상을 잘 계승한 수제자로 꼽힌다.

민본 정치

공자가 말하였다.

"나라를 다스리는 사람은 신중하게 정책을 세워 백성들의 신뢰

군자의 기쁨
子曰, 學而時習之, 不亦說乎. 有朋, 自遠方來, 不亦樂乎. 人不知而不慍, 不亦君子乎.

효도와 우애
有子曰, 其爲人也孝弟, 而好犯上者鮮矣, 不好犯上, 而好作亂者, 未之有也. 君子務本, 本立而道生, 孝弟也者, 其爲仁之本與.

경계해야 할 사람
子曰, 巧言令色, 鮮矣仁.

반성의 윤리
曾子曰, 吾日三省吾身, 爲人謀而不忠乎, 與朋友交而不信乎, 傳不習乎.

민본 정치
子曰, 道千乘之國, 敬事而信, 節用而愛人, 使民以時.

를 얻어야 하고, 재정을 절약하여 백성들의 부담을 덜어 주어야 하며, 백성들을 동원하는 일은 시기를 잘 살펴서 해야 한다."

학문보다 중요한 것

공자가 말하였다.

"젊은 학생들은 집에 들어가서는 부모에게 효도하며, 밖에 나와서는 어른을 공경하고 매사에 성실하여 믿음을 얻으며, 널리 사람을 사귀되 특히 인격이 훌륭한 사람을 가까이하여라. 이런 일들을 다 실천하고도 여력이 있으면 비로소 학문을 연구하여라."

*공자는 지식 교육보다 전인 교육을 중요시하였다.

참된 공부

자하가 말하였다.

"어떤 이가 어진 사람을 따르기를 마치 아름다운 여자를 좋아하듯 하고, 있는 힘을 다해 부모를 섬기고 몸을 바쳐 임금을 받들며, 친구들과 사귀는 데 말과 행동에 신의가 있다면 그가 비록 지식이 짧다 해도 나는 '그는 배운 사람이다' 하고 말할 것이다."

*자하(子夏) : 공자의 제자. 본래 이름은 복상(卜商)이다.

성실과 신의

공자가 말하였다.

"군자가 만일 언행이 신중하지 못하면 위신이 서질 않으니, 비록 학문을 배운다 해도 그것을 굳게 실천하기는 어렵다. 그러므로 군자는 성실과 신의를 가장 중요시하고, 자기보다 도덕적으로 부족한 사람을 친구로 삼지 말며, 자신에게 잘못이 있을 때는 곧바로 고쳐야 한다."

제정 일치

증자가 말하였다.

"지도자가 부모의 장례를 정중히 치르고 먼 조상의 제사에도 정성을 다하면, 백성들도 감화를 받아 저절로 도덕적인 풍조가 일어날 것이다."

*동양에서는 전통적으로 관혼상제(冠婚喪祭)라고 하여 조상 숭배를 중요시한다.

학문보다 중요한 것
子曰, 弟子入則孝, 出則弟, 謹而信, 汎愛衆, 而親仁, 行有餘力, 則以學文.

참된 공부
子夏曰, 賢賢, 易色, 事父母, 能竭其力, 事君, 能致其身, 與朋友交, 言而有信, 雖曰未學, 吾必謂之學矣.

성실과 신의
子曰, 君子不重則不威, 學則不固. 主忠信, 無友不如己者, 過則勿憚改.

제정 일치
曾子曰, 愼終追遠, 民德歸厚矣.

사상가와 정치가

자금이 자공에게 물었다.

"우리 선생님은 어느 나라에 가시든지 꼭 그 나라의 정치에 대해 조언하시더군요. 그런데 그것이 선생님이 자청해서 하시는 것인가요, 아니면 정치가들이 요청하는 것인가요?"

"선생님의 높은 도덕에 감화받은 정치가들이 자연스레 그렇게 하는 것이니, 선생님이 정치에 관여하시는 것은 사람들이 관직을 탐내어 권력자들에게 접근하는 것과는 다르지요."

*자금(子禽)과 자공(子貢)은 모두 공자의 제자이다. 특히 자공은 언변이 뛰어나고 머리가 좋아 현실 정치에도 능력을 발휘했고 재산도 많이 모았다. 『논어』에는 제자들 가운데 자공의 말이 가장 많이 나온다.

효도란 부모를 이어받는 것

공자가 말하였다.

"부모가 살아 계신 동안에는 부모의 뜻을 살피고, 돌아가신 뒤에는 부모의 행적을 살펴야 한다. 돌아가신 뒤 3년 동안은 부모가 하던 일을 고치지 않아야 효자라고 할 수 있다."

대인 관계의 기초

유자가 말하였다.

"사람을 사귈 때 서로 정당한 약속만을 해 그것을 실천하고, 공손하게 대하되 너무 지나쳐서 굴욕스러울 정도가 되지 않으며, 마음 편히 어떤 일을 부탁할 수 있는 관계가 된다면 그야말로 주체성 있는 사귐이라고 할 수 있다."

말과 실천

공자가 말하였다.

"군자는 배부르게 먹는 것과 안락한 거처를 바라지 않는다. 또 행동은 민첩하게 하고 말은 삼가며, 인격이 훌륭한 사람을 찾아가 지도를 받는다. 이 정도가 되어야 학문을 좋아한다고 할 수 있는 것이다."

사상가와 정치가
子禽問於子貢曰, 夫子至於是邦也, 必聞其政, 求之與, 抑與之與. 子貢曰, 夫子溫良恭儉讓以得之, 夫子之求之也, 其諸異乎人之求之與.

효도란 부모를 이어받는 것
子曰, 父在, 觀其志, 父沒, 觀其行, 三年, 無改於父之道, 可謂孝矣.

대인 관계의 기초
有子曰, 信近於義, 言可復也, 恭近於禮, 遠恥辱也, 因不失其親, 亦可宗也.

말과 실천
子曰, 君子, 食無求飽, 居無求安, 敏於事而愼於言, 就有道而正焉, 可謂好學也已.

절차탁마

제자 자공이 공자에게 물었다.

"가난하면서도 남에게 아첨하지 않고 부유하면서도 남을 업신여기지 않는 사람이 있다면, 선생님은 그 사람을 어떻게 평가하시겠습니까?"

"물론 훌륭한 사람이지. 하지만 가난하면서도 즐겁게 살고 부유하면서도 예의를 좋아하는 사람보다는 못하지 않을까?"

자공이 다시 말했다.

"『시경』에 나오는 '옥을 갈고 닦아서 빛을 낸다'는 말은 바로 이 같은 끝없는 인격 도야를 가리키는 것이군요?"

"너하고는 같이 『시경』을 이야기할 만하구나. 지나간 일을 말했더니 앞으로 다가올 일까지 알아차리는구나!"

*『시경(詩經)』: 중국의 가장 오래된 시집으로 오경(五經)의 하나. 고대에 유행했던 가요를 모아 수록한 것인데, 공자가 편집하였다고 전해진다.

* '옥을 갈고 닦아서 빛을 낸다'는 말은 한자어로 절차탁마(切磋琢磨)인데, 옥돌을 가공해 보석으로 완성시키는 과정처럼 한 단계 높은 도덕적인 경지로 올라서기 위해 마음을 닦는 모습을 비유한 것이다.

마음의 눈

공자가 말하였다.

"남들이 나를 알아주지 않는다고 탓하지 말고, 내가 남을 알아보지 못하는 것을 걱정하라."

절차탁마
子貢曰, 貧而無諂, 富而無驕, 何如. 子曰, 可也, 未若貧而樂, 富而好禮者也. 子貢曰, 詩云如切如磋, 如琢如磨, 其斯之謂與. 子曰, 賜也, 始可與言詩已矣, 告諸往而知來者.

마음의 눈
子曰, 不患人之不己知, 患不知人也.

爲政 위정

2 사랑의 정치

도덕 정치

공자가 말하였다.

"도덕을 정치의 근본으로 삼으면 마치 모든 별이 북극성을 향하는 것처럼 백성들이 진심으로 따를 것이다."

진실한 마음

공자가 말하였다.

"『시경』에 실린 시 300편의 내용을 한마디로 말하면 '생각에 거짓이 없음'이다."

법치와 덕치

공자가 말하였다.

"정치가가 법으로 다스리고 형벌로 사회 질서를 유지한다면, 백성들은 법망을 피해 형벌을 면하는 것을 부끄러워하지 않는다. 그러나 도덕으로 다스리고 예절을 통해 질서 의식을 고양시키면, 백성들은 스스로 부끄러움을 알아 바른 길로 나아갈 것이다."

*공자가 주장한 덕치주의(德治主義)는 동양 정치의 기본 이념으로 자리잡았다. 법치주의는 인간 본성에 대한 불신에 기초를 둔 반면, 덕치주의는 인간에 대한 신뢰를 바탕으로 한다.

내가 걸어온 길

공자가 말하였다.

"나는 열다섯 살에 학문에 뜻을 두었고, 서른 살에 세계관이 확립되었다. 마흔이 되자 무슨 일이 있어도 마음이 흔들리지 않았고, 쉰 살에는 하늘의 뜻을 알게 되었다. 예순 살에는 무엇이든 한 번 들으면 저절로 통달하게 되었고, 일흔 살이 되니 마음 내키는 대로 행동해도 도리에 어긋나는 일이 없었다."

*하늘의 뜻(천명 天命) : 자연의 이치를 말한다.
*나이 40은 불혹(不惑), 50은 지천명(知天命), 60은 이순(耳順).

도덕 정치
子曰, 爲政以德, 譬如北辰居其所, 而衆星拱之.

진실한 마음
子曰, 詩三百, 一言以蔽之, 曰, 思無邪.

법치와 덕치
子曰, 道之以政, 齊之以刑, 民免而無恥. 道之以德, 齊之以禮, 有恥且格.

내가 걸어온 길
子曰, 吾十有五而志于學, 三十而立, 四十而不惑, 五十而知天命, 六十而耳順, 七十而從心所欲, 不踰矩.

부모에 대한 예의

노나라에는 실권을 쥔 대부 세 사람이 있었다. 그 가운데 하나인 맹의자孟懿子가 어느 날 공자에게 물었다.

"효도란 무엇입니까?"

"어기지 않는 것입니다."

그런 뒤 제자 번지樊遲가 공자를 모시고 수레를 몰았다. 공자가 그에게 말하였다.

"맹대부가 효도에 대해 묻길래 '어기지 않는 것'이라고 말해 주었다."

"무슨 뜻으로 하신 말씀입니까?"

"부모가 살아 계실 때는 예의를 갖추어 모시고, 돌아가신 뒤에는 예법에 맞게 장례를 치르고 제사 지내야 한다. 이처럼 살아 계시거나 돌아가시거나 부모에 대한 예의를 어기지 않는 것이 효도라는 뜻이었다."

*제후국의 벼슬에는 경(卿) · 대부(大夫) · 사(士)가 있었다. 또 각 벼슬마다 상 · 중 · 하로 나뉘어 모두 아홉 계급으로 되어 있었다.

건강이 효도

맹의자의 아들 맹무백孟武伯은 몸이 매우 약했다. 그가 공자에게 물었다.

"부모에게 효도하는 방법은 무엇입니까?"

"부모는 오직 자식의 건강을 걱정할 뿐이라네."

마음이 문제다

제자 자유子游가 공자에게 물었다.

"효도란 무엇입니까?"

"요즘 사람들은 부모를 물질적으로 봉양하는 것만을 효도라고 생각하는 것 같더구나. 하지만 진정으로 공경하는 마음이 없이 그저 부양만 한다면 개나 말을 먹여 기르는 것과 무슨 차이가 있겠느냐?"

부모에 대한 예의

孟懿子問孝, 子曰, 無違. 樊遲御, 子告之曰, 孟孫問孝於我, 我對曰, 無違. 樊遲曰, 何謂也. 子曰, 生事之以禮, 死葬之以禮, 祭之以禮.

건강이 효도

孟武伯問孝, 子曰, 父母唯其疾之憂.

마음이 문제다

子游問孝, 子曰, 今之孝者, 是謂能養, 至於犬馬, 皆能有養, 不敬, 何以別乎.

부모 마음을 편하게

제자 자하가 공자에게 물었다.

"효도란 무엇입니까?"

"항상 밝은 얼굴로 부모를 대하는 것이다. 물론 그렇게 하기란 매우 어려운 일이다. 하지만 부모의 힘든 일을 대신해 드리고, 맛있는 음식을 먼저 드시게 하는 것이 효도의 전부는 아니지 않은가?"

지혜로운 사람

공자가 말하였다.

"내가 안회와 같이 하루 종일 학문을 이야기해도 그는 묵묵히 듣기만 할 뿐 질문을 하거나 의견을 내지 않는다. 그래서 꼭 어리석은 사람처럼 보인다. 그러나 그후 안회의 생활을 지켜보면 내가 말한 것들을 발전시켜 실천하곤 한다. 그는 진정 지혜로운 사람이다."

*안회(顔回) : 공자가 가장 아낀 수제자. 공자보다 서른살 아래였는데 일찍 세상을 떠나 공자를 안타깝게 한다.

사람을 보는 법

공자가 말하였다.

"사람을 관찰할 때 먼저 그의 행동을 보고, 그렇게 행동하는 동기를 따져 보며, 또 그가 마음에 들어하는 것이 무엇인지를 세밀히 살핀다면 누가 자기의 사람됨을 숨길 수 있겠느냐?"

스승의 자격

공자가 말하였다.

"옛 것을 익히고 그것을 미루어 새로운 것을 안다면, 남의 스승이 될 자격이 있다."

*온고지신(溫故知新)을 말한 것이다.

지도자와 전문가

공자가 말하였다.

"군자란 한 분야에 능통한 전문가나 기능인이 아니라 여러 가지 일에 통달하고 남의 모범이 되는 지도자를 말한다."

부모 마음을 편하게
子夏問孝, 子曰, 色難, 有事, 弟子服其勞, 有酒食, 先生饌, 曾是以爲孝乎.

지혜로운 사람
子曰, 吾與回, 言終日, 不違如愚, 退而省其私, 亦足以發, 回也不愚.

사람을 보는 법
子曰, 視其所以, 觀其所由, 察其所安, 人焉廋哉, 人焉廋哉.

스승의 자격
子曰, 溫故而知新, 可以爲師矣.

지도자와 전문가
子曰, 君子不器.

언행 일치

제자 자공이 공자에게 물었다.

"어떤 사람을 군자라고 합니까?"

"말보다 실천이 앞서는 사람이다."

군자와 소인

공자가 말하였다.

"군자는 사람을 널리 사귀어 편을 가르지 않고, 소인은 이해 관계에 따라 편을 가를 뿐 널리 사귀지 못한다."

*『논어』에서 군자(君子)와 소인(小人)은 자주 대비된다. 소인은 이로우냐 해로우냐를 따지는 데 밝은 사람이고, 군자는 옳으냐 그르냐를 따지는 데 밝은 사람이다.

학문과 사색

공자가 말하였다.

"배우기만 하고 생각하지 않으면 깨달을 수 없고, 생각하기만 하고 배우지 않으면 위태롭다."

이단에 대한 경계

공자가 말하였다.

"그릇된 사상을 공부하면 해로울 뿐이다."

아는 체하지 않는 것

공자가 자로에게 말하였다.

"내가 '안다' 는 것이 무엇인지 가르쳐 주마. 자기가 아는 것을 안다고 하고 모르는 것을 모른다고 하는 것, 이것이 참으로 아는 것이다."

*자로(子路) : 공자의 제자. 본래 이름은 중유(仲由). 『논어』에는 자로가 핀잔받는 장면이 많이 나오지만, 용기 있고 정직하여 공자의 사랑을 받았다.

언행 일치
子貢問君子, 子曰, 先行其言, 而後從之.

군자와 소인
子曰, 君子, 周而不比, 小人, 比而不周.

학문과 사색
子曰, 學而不思則罔, 思而不學則殆.

이단에 대한 경계
子曰, 攻乎異端, 斯害也已.

아는 체하지 않는 것
子曰, 由, 誨女知之乎, 知之爲知之, 不知爲不知, 是知也.

신중한 언행

제자 자장子張이 공자에게 말하였다.

"관직에 오르는 방법을 배우고 싶습니다."

"많이 듣되 그 가운데 의심스러운 것은 빼고 자신 있는 것만 신중하게 말하라. 그러면 과오가 적을 것이다. 또 많이 보되 그 가운데 마음에 불안한 것은 버리고 확실한 것만 신중하게 행동으로 옮겨라. 그러면 뉘우칠 일이 적을 것이다. 이같이 말로 과오를 저지르지 않고 후회할 행동을 하지 않으면 관직은 자연히 따라오는 것이다."

인재 등용

노나라 임금인 애공哀公이 공자에게 물었다.

"어떻게 하면 백성들이 자발적으로 복종할까요?"

"정직한 사람을 등용하고 거짓된 사람을 내쫓으면 백성들이 복종합니다. 반대로 거짓된 사람을 등용하고 정직한 사람을 내쫓으면 백성들이 복종하지 않습니다."

윗물이 맑아야

노나라의 3대 실권자 가운데 하나인 계손씨季孫氏가 공자에게 물었다.

"백성들이 저를 공경하고 충성하며 자발적으로 일하게 하려면 어떻게 해야 합니까?"

"그대가 믿음직한 태도로 백성들을 대하면 자연히 공경할 것이고, 그대가 부모에게 효도하고 아랫사람을 사랑하면 백성들이 충성할 것이오. 그리고 그대가 올바른 사람을 등용하여 그렇지 못한 자에게 교훈을 주면 백성들이 스스로 일할 것이오."

정치의 출발점

어떤 사람이 공자에게 물었다.

"선생님은 왜 정치를 하지 않으십니까?"

"『서경』에 '오로지 부모에게 효도하고 형제를 사랑하라. 그리고 그것을 확장하여 나라를 다스려라.' 하는 말이 있습니다. 이처럼 지금 제가 하고 있는 일이 바로 정치인데, 일부러 정치를 한다

신중한 언행
子張, 學干祿, 子曰, 多聞闕疑, 愼言其餘則寡尤, 多見闕殆, 愼行其餘則寡悔, 言寡尤, 行寡悔, 祿在其中矣.

인재 등용
哀公問曰, 何爲則民服, 孔子對曰, 擧直錯諸枉則民服, 擧枉錯諸直則民不服.

윗물이 맑아야
季康子問使民敬忠以勸, 如之何, 子曰, 臨之以莊則敬, 孝慈則忠, 擧善而教不能則勸.

정치의 출발점
或謂孔子曰, 子奚不爲政, 子曰, 書云孝乎, 惟孝, 友于兄弟, 施於有政, 是亦爲政, 奚其爲爲政.

고 나설 필요가 있을까요?"

*『서경(書經)』: 중국 고대의 이상 정치를 서술한 책. 오경(五經)의 하나이다.
*수신제가치국평천하(修身齊家治國平天下)의 사상이 나타나 있다.

신용은 생명

공자가 말하였다.

"사람이 신의가 없으면 아무 쓸모가 없다. 마치 수레에 멍에가 없는 것과 같으니 어떻게 움직일 수 있겠는가?"

과거·현재·미래

제자 자장이 공자에게 물었다.

"앞으로 수백 년 후에 사회 규범이나 도덕이 어떻게 바뀔지 미리 알 수 있을까요?"

"미래는 현재의 연장선에 있는 것이므로 과거 역사를 살펴보면 미래의 모습도 짐작할 수 있겠지. 은나라는 하나라의 규범과 도덕을 기초로 하였지만 변화를 겪었고, 주나라는 은나라의 것을 바탕으로 하여 더욱 진보시켰다. 물론 그 과정에서 늘이기도 하고 줄이기도 하였지만, 뼈대는 변하지 않았다. 이런 사실로 미루어 보면, 수천 년 후의 일이라도 사회 규범과 도덕의 큰 줄기는 알 수 있을 것이다."

*중국 고대의 왕조는 하(夏), 은(殷), 주(周)의 순서로 이어졌다.

참된 용기

공자가 말하였다.

"자기 조상의 영혼이 아닌 것에다 제사 지내는 것은 아첨하는 것이고, 정의로운 일을 보고도 행하지 않는 것은 용기가 없는 것이다."

신용은 생명
子曰, 人而無信, 不知其可也, 大車無輗, 小車無軏, 其何以行之哉.

과거 · 현재 · 미래
子張問, 十世, 可知也, 子曰, 殷因於夏禮, 所損益, 可知也, 周因於殷禮, 所損益, 可知也, 其或繼周者, 雖百世, 可知也.

참된 용기
子曰, 非其鬼而祭之, 諂也, 見義不爲, 無勇也.

八佾
팔일

3 인간에 대한 예의

봉건 질서와 예술

공자가 활동한 시기는 주나라의 봉건 사회 제도가 뿌리째 흔들리던 시대였다. 춘추 전국 시대라고 불리는 이 혼란기에 중앙 정부의 권력은 약해지고 지방 제후들의 세력이 나날이 강성해졌다. 제후들 간의 세력 다툼으로 전쟁이 그칠 날이 없었고, 백성들은 전쟁과 권력자의 핍박 속에서 이루 말할 수 없는 고통을 겪었다. 공자는 백성들을 도탄에서 구하고 인간성을 회복하기 위해서는 천자天子를 정점으로 하는 봉건 사회 질서를 굳게 다지고, 권력자들이 도덕성을 확립해야 한다고 생각했다.

팔일무八佾舞라는 춤은 천자만이 감상할 수 있도록 되어 있었다. 그런데 주나라의 제후국 가운데 하나인 노나라의 대부 계손씨가 자기 집 뒤뜰에서 그 춤을 공연하게 하였다. 이것을 본 공자가 말하였다.

"저런 외람된 짓을 태연히 하는 것을 보니, 무슨 일이든 못할 일이 없겠구나. 저 사람은 반역도 서슴치 않을 것이다."

*계손씨는 뒷날 노나라 임금 소공(昭公)을 축출한다.

질서 파괴자

노나라의 3대 실권자인 맹손孟孫, 숙손叔孫, 계손季孫의 집안에서는 제사를 마무리할 때 천자가 사용하는 노래를 읊었다. 공자가 그들의 행태를 비판하였다.

"그 노래는 대부의 집안에서는 사용할 수 없는 것이다. 그들은 왜 이토록 예의를 무시하는 행패를 부린단 말인가?"

모든 것의 기초

공자가 말하였다.

"사람이 양심이 곧지 않다면 예의바르고 예술적 재능이 있다 한들 무슨 소용이 있을까?"

내용과 형식

제자 임방林放이 공자에게 물었다.

"예의 근본은 무엇입니까?"

"참 좋은 질문이다. 예식은 화려한 것보다는 검소한 것이 낫고,

봉건 질서와 예술
孔子謂季氏, 八佾舞於庭, 是可忍也, 孰不可忍也.

질서 파괴자
三家者以雍徹, 子曰, 相維辟公, 天子, 穆穆奚取於三家之堂.

모든 것의 기초
子曰, 人而不仁, 如禮, 何, 人而不仁, 如樂, 何.

내용과 형식
林放問禮之本, 子曰, 大哉, 問, 禮與其奢也, 寧儉, 喪, 與其易也, 寧戚.

장례를 치를 때는 형식을 갖추기보다는 진심으로 슬퍼해야 하는 것이다."

*예(禮)란 사람의 도덕적인 마음이 말과 행동으로 우러나는 것을 말한다. 공자는 예가 지나치게 형식화되는 것을 경계했다.

권신의 횡포

당시에는 임금들만이 산에다 제사 지낼 수 있었다. 천자는 천하의 명산에서 제사하고, 제후는 자기 나라의 산에서 제사하였다.

노나라 대부 계씨가 중국의 명산인 태산에서 제사 지내려 하였다. 그러자 공자가 계씨의 가신으로 있는 제자 염유冉有에게 말하였다.

"계씨는 제후의 일개 신하에 지나지 않는데 왜 이토록 무례하단 말인가. 네가 한번 그 사람의 잘못을 막아 볼 수 없겠느냐?"

"저로서는 어쩔 도리가 없습니다."

공자가 탄식하였다.

"아! 슬픈 일이다. 저 태산의 산신이 예의 근본을 질문한 임방만도 못하단 말인가!"

*가신(家臣): 벼슬아치의 집에 딸려 그들은 섬기는 사람. 배신(陪臣)이라고도 한다.

군자의 승부

군자는 자신의 이익을 위해 경쟁하는 법이 없다. 그러나 활쏘기를 할 때만은 서로 양보하지 않고 승부를 겨룬다. 물론 이때에도 예의를 지킨다. 서로 정중하게 인사를 나눈 뒤에 올라가 활쏘기를 겨루고는 내려와서 술을 마신다. 이처럼 처음부터 끝까지 예의를 잃지 않으니, 당당하고 멋진 군자의 승부가 아니겠는가.

*활쏘기는 중국 고대 교육의 6가지 과목인 육예(六藝) 가운데 하나였다. 당시 큰 행사가 있을 때면 활쏘기 시합을 하곤 했다.

*육예: 예(禮) · 악(樂) · 사(射) · 어(御) · 서(書) · 수(數).

마음이 먼저

제자 자하가 공자에게 물었다.

"『시경』에 '방긋 웃는 미소에 그 입술 더욱 곱고, 반짝이는 눈동자에 그 눈매 더욱 아름답네. 흰 바탕에 붉은 무늬 놓았구나' 라는 구절이 있는데, 이것이 무슨 뜻입니까?"

권신의 횡포
季氏旅於泰山, 子謂冉有曰, 女弗能救與. 對曰, 不能. 子曰, 嗚呼, 曾謂泰山, 不如林放乎.

군자의 승부
子曰, 君子無所爭, 必也射乎, 揖讓而升, 下而飮, 其爭也君子.

마음이 먼저
子夏問曰, 巧笑倩兮, 美目盼兮, 素以爲絢兮, 何謂也. 子曰, 繪事後素. 曰, 禮後乎. 子曰, 起予者, 商也, 始可與言詩已矣.

"마치 그림을 그릴 때 흰 바탕이 있은 뒤에야 색칠을 할 수 있는 것과 같은 의미이지."

"그렇다면 우러나오는 마음이 있은 뒤에야 예절의 형식이 필요하다는 말씀인가요?"

"네가 나를 일깨워 주는구나. 같이 시를 이야기할 만하구나!"

실증적 태도

공자가 말하였다.

"나는 하나라의 예법에 대해서는 술술 이야기할 수 있지만, 그 후손인 기杞나라의 예법에 대해서는 말할 것이 없다. 또 은나라의 예법은 설명할 수 있지만, 그 후손인 송宋나라의 예법에 대해서는 말할 것이 없다. 이는 사실을 입증할 만한 문헌이 부족하기 때문이다. 만일 자료만 넉넉하다면 그 두 나라의 제도에 대해서도 충분히 밝혀 낼 수 있을 것이다."

제사의 마음가짐

공자는 조상의 제사를 지낼 때면 마치 조상이 와 계신 듯이 하였고, 신에게 제사 지낼 때에도 마치 신이 와 계신 듯이 하였다.

공자가 말하였다.

"내 스스로 정성껏 제사에 참여하지 않는다면, 제사를 지내지 않은 것과 다를 바 없다."

천명을 따를 뿐

노나라의 법무 장관으로 일하던 공자는 향락에 빠져 정무를 돌보지 않는 임금의 행태에 분노하여 관직을 버리고 위나라로 떠났다. 공자의 나이 55세 때였다.

공자가 위나라 임금을 만나러 갔을 때였다. 실권자인 대부 왕손가王孫賈가 공자에게 다가와서 은근히 떠보았다.

"선생, 내가 하나 묻겠습니다. 속담에 '안방에 모셔 놓은 신주神主에 대고 비는 것보다는 차라리 부뚜막 귀신에게 비는 것이 이롭다.' 는 말이 있는데, 이게 무슨 뜻입니까?"

왕손가의 이 말은 힘없는 임금보다 실권을 쥐고 있는 자신에게 잘보이는 것이 유리하다는 암시였다. 공자는 이렇게 대답해 주었다.

"그렇지 않습니다. 하늘에 죄를 지으면 빌 곳이 없습니다."

공자의 이 말은 '나는 임금이건 권력 있는 신하건 누구에게도

실증적 태도
子曰, 夏禮, 吾能言之, 杞不足徵也, 殷禮, 吾能言之, 宋不足徵也, 文獻不足故也, 足則吾能徵之矣.

제사의 마음가짐
祭如在, 祭神如神在. 子曰, 吾不與祭, 如不祭.

천명을 따를 뿐
王孫賈問曰, 與其媚於奧, 寧媚於竈, 何謂也. 子曰, 不然, 獲罪於天, 無所禱也.

잘보이려 애쓰지 않는다. 단지 하늘이 내게 부여한 사명에 충실한 뿐이다.' 라는 뜻이었다.

주나라의 문화

공자가 말하였다.

"주나라는 하나라와 은나라의 문물 제도를 창조적으로 계승하여 문화의 절정을 이루었다. 나는 찬란한 문화를 이룩한 주나라를 따를 것이다."

조심스런 태도

공자는 제사를 지내러 사당에 들어가면 모든 일을 일일이 묻곤 하였다. 그 모습을 본 어떤 사람이 비웃었다.

"누가 저 사람이 예법을 잘 안다고 했는가? 사당에 들어와서는 남에게 묻기 바쁘구나."

이 말을 전해 들은 공자가 말하였다.

"그렇게 모든 일을 신중히 처리하는 것이 바로 예법이랍니다."

도덕과 무력

공자는 도덕보다는 무력을 숭상하는 사회 기풍을 개탄하며 이렇게 말하였다.

"옛날에는 활쏘기 시합을 할 때 과녁을 맞추는 데 주력하기보다는 서로 예의를 지키는 것을 소중히 여겼다. 그것은 사람마다 체력에 차이가 있기 때문이다. 이것이 옛 사람들의 미덕이었다."

사라지는 것들에 대한 아쉬움

옛날 중국의 천자는 해마다 12월이 되면 다음해 달력을 제후들에게 나누어 주었다. 제후들은 이 달력을 사당에 보관해 두었다가, 매달 초하룻날 산양을 제물로 하여 제사를 지내고는 그 달 달력을 백성들에게 나누어 주었다. 이 의식을 고삭告朔이라고 하는데, 노나라에서는 고삭이 점차 흐지부지되어 당시에 와서는 거의 폐지되다시피 하였다. 그러나 제사는 폐지되었어도 매달 초하룻날 산양을 희생으로 바치는 풍습만은 남아 있었다.

제자 자공이 공자에게 말하였다.

"고삭을 지내지도 않으면서 산양만을 희생하는 일은 불합리합

주나라의 문화
子曰, 周監於二代, 郁郁乎文哉, 吾從周.

조심스런 태도
子入大廟, 每事問. 或曰, 孰謂鄹人之子, 知禮乎, 入大廟, 每事問. 子聞之曰, 是禮也.

도덕과 무력
子曰, 射不主皮, 爲力不同科, 古之道也.

사라지는 것들에 대한 아쉬움
子貢, 欲去告朔之餼羊, 子曰, 賜也, 爾愛其羊, 我愛其禮.

니다. 양을 바치는 것도 폐지하는 게 바람직하다고 생각합니다."

"너는 양 한 마리를 아깝다고 생각하느냐? 나는 옛부터 지켜 오던 예법이 사라지는 것이 아깝구나. 산양을 바치는 풍습마저 없앤다면 고삭의 예법은 흔적도 없이 사라져 버리지 않겠느냐?"

예의와 아첨

공자가 말하였다.

"내가 예의를 다해 임금을 섬겼더니 사람들이 날보고 아첨한다고 하는구나."

군신의 도

노나라 임금 정공定公이 공자에게 물었다.

"임금이 신하를 거느리고 신하가 임금을 섬기는 일은 어떻게 해야 합니까?"

"임금은 신하를 대할 때 예의를 갖추어야 하고, 신하는 충성으로 임금을 섬겨야 합니다."

감정의 절제

공자가 말하였다.

"관저는 즐거우면서도 음탕하지 않고, 슬프면서도 감상에 빠지지 않았다."

*관저(關雎) : 『시경』 첫머리에 있는 시. 남녀의 행복한 결혼 생활을 축복한 노래이다.

업적과 인격

관중管仲은 춘추 시대 제나라의 재상으로, 임금 환공桓公을 도와 중원의 패권을 잡은 인물이다.

공자가 말하였다.

"관중은 그릇이 작은 사람이었다."

어떤 사람이 물었다.

"그가 지나치게 검소했다는 말씀입니까?"

"그 사람은 소실을 셋이나 두었고, 가신들에게 겸직을 시키지도 않았다. 그렇게 사치를 부린 사람을 어떻게 검소하다고 하겠는가?"

예의와 아첨
子曰, 事君盡禮, 人以爲諂也.

군신의 도
定公問君使臣, 臣事君, 如之何. 孔子對曰, 君使臣以禮, 臣事君以忠.

감정의 절제
子曰, 關雎, 樂而不淫, 哀而不傷.

업적과 인격
子曰, 管仲之器小哉. 或曰, 管仲儉乎. 曰, 管氏有三歸, 官事不攝, 焉得儉. 然則管仲知禮乎. 曰, 邦君, 樹塞門, 管氏亦樹塞門, 邦君, 爲兩君之好, 有反坫, 管氏亦有反坫, 管氏而知禮, 孰不知禮.

"그러면 관중이 예의에 좀스럽게 집착했다는 말씀입니까?"

"그렇지 않다. 제후라야 병풍을 문 안에 치고 가리는데, 그는 대부의 신분이면서 그 흉내를 냈다. 뿐만 아니라 그는 제후들이 연회를 베풀 때 쓰는 술잔대를 사용하였다. 그런 관중이 예의를 안다면 누구인들 예의를 모르겠는가?"

*공자가 관중의 인격을 비판한 내용이다. 관중은 친구 포숙아(鮑叔牙)와의 우정으로도 유명한데, 두 사람의 우정을 관포지교(管鮑之交)라고 한다.

세상의 목탁

위나라에 머무르던 공자는 임금 영공靈公이 세상을 떠남에 따라 관직을 내놓고 다른 나라로 떠나게 되었다. 공자의 나이 59세 때의 일이다.

공자 일행이 위나라 국경 지방을 지나는데, 그 지방의 한 관리가 공자에게 만나기를 청하며 말하였다.

"현인 군자가 이 지방에 오시면 제가 꼭 만나 뵈었습니다."

제자들이 공자를 만나게 해 주었다.

공자를 만나고 나온 그 관리가 제자들에게 말하였다.

"여러분은 왜 선생님이 벼슬 자리를 잃었다고 해서 낙심하고 있습니까? 세상이 혼란스러운 지가 오래 되었으니, 하늘이 장차 선생님을 세상을 깨우치는 목탁으로 삼을 것입니다."

근본이 없는 사람

공자가 말하였다.

"윗자리에 있으면서 너그럽지 못하고, 예식를 행할 때 공경하는 마음이 없으며, 상을 당해서도 슬퍼하지 않는다면 그런 사람에게서 뭐 볼 게 있겠는가."

세상의 목탁
儀封人, 請見曰, 君子之至於斯也, 吾未嘗不得見也, 從者見之, 出曰, 二三子, 何患於喪乎, 天下之無道也久矣, 天將以夫子, 爲木鐸.

근본이 없는 사람
子曰, 居上不寬, 爲禮不敬, 臨喪不哀, 吾何以觀之哉.

里仁 이인

4 행복의 조건

환경의 중요성

공자가 말하였다.

"마음씨 좋은 사람들이 모여 사는 마을이라야 살기가 좋다. 인심 좋은 마을을 골라서 살지 않는다면 어떻게 지혜로운 사람이라 하겠는가."

마음의 평화

공자가 말하였다.

"양심적이지 못한 사람은 어려운 환경을 오래 견디지 못하고, 즐거움도 오래 누리지 못한다. 그러나 양심적인 사람은 양심을 지키는 가운데서 마음의 평화를 얻고, 지혜로운 사람은 양심을 지키며 사는 것이 궁극적으로 이익이 된다는 것을 안다."

곧은 마음

공자가 말하였다.

"오직 양심적인 사람만이 남을 좋아할 줄도 알고 미워할 줄도 아는 법이다."

도덕의 힘

공자가 말하였다.

"참으로 양심을 지키는 사람은 결코 나쁜 일을 만나지 않는다."

군자의 자세

공자가 말하였다.

"부유함과 귀함은 누구나 바라는 것이지만, 정당한 방법으로 얻은 것이 아니라면 그것을 누리지 말아야 한다. 가난함과 천함은 누구나 싫어하는 것이지만, 엉뚱하게 닥친 것이라 해도 억지로 피하지 말아야 한다. 상황에 따라 양심을 버릴 수도 있다면 그런 사람을 어떻게 군자라고 하겠는가? 군자는 밥 한 숟가락을 먹는 동안에도 양심에 어긋나는 일이 없어야 한다. 당황스럽고 절박할 때에도 양심을 지켜야 하고, 몸이 위태로울 때에도 양심을 지켜야 한다."

환경의 중요성
子曰, 里仁爲美, 擇不處仁, 焉得知.

마음의 평화
子曰, 不仁者, 不可以久處約, 不可以長處樂, 仁者, 安仁, 知者, 利仁.

곧은 마음
子曰, 惟仁者, 能好人, 能惡人.

도덕의 힘
子曰, 苟志於仁矣, 無惡也.

군자의 자세
子曰, 富與貴, 是人之所欲也, 不以其道得之, 不處也, 貧與賤, 是人之所惡也, 不以其道得之, 不去也. 君子去仁, 惡乎成名. 君子無終食之間, 違仁, 造次, 必於是, 顚沛, 必於是.

도덕적 의지

공자가 말하였다.

"나는 아직 양심적인 것을 진심으로 좋아하는 사람과 거짓된 것을 진심으로 미워하는 사람을 보지 못하였다. 양심적인 것을 좋아하는 사람은 아무리 좋은 일이라도 양심을 지키는 것보다 더 좋은 일은 없다는 것을 알 테고, 거짓을 미워하는 사람은 오로지 옳은 일만 함으로써 거짓된 것이 자기 몸에 붙지 못하게 할 것이다. 단 하루만이라도 양심을 지키기 위해 있는 힘을 다해 본 사람이 과연 있는가? 나는 아직 마음은 절실한데 역량이 모자라서 양심을 지키지 못하는 사람을 보지 못하였다. 혹시 그런 사람이 있을 수도 있겠지만 나는 아직 보지 못하였다."

감출 수 없는 것

공자가 말하였다.

"사람이 저지르는 잘못에도 여러 부류가 있으니, 어떤 잘못을 저지르는지를 잘 살펴보면 그 사람의 인간됨을 알 수 있다."

진리는 생명

공자가 말하였다.

"아침에 진리를 깨닫는다면 그날 저녁에 죽어도 좋다."

선비 정신

공자가 말하였다.

"진리를 탐구하는 선비가 만일 허름한 옷과 변변치 않은 음식을 부끄러워한다면, 그런 사람과는 이야기해 볼 필요도 없다."

의로운 사람

공자가 말하였다.

"군자는 세상 모든 일에 대해 '이것은 꼭 해야 한다.' 또는 '이것은 절대로 하지 말아야 한다.' 하고 편협하게 고집부리는 법이 없이 오로지 정의를 따른다."

도덕적 의지
子曰, 我未見好仁者, 惡不仁者, 好仁者, 無以尙之, 惡不仁者, 其爲仁矣不使不仁者, 加乎其身. 有能一日, 用其力於仁矣乎, 我未見力不足者. 蓋有之矣, 我未之見也.

감출 수 없는 것
子曰, 人之過也, 各於其黨, 觀過, 斯知仁矣.

진리는 생명
子曰, 朝聞道, 夕死, 可矣.

선비 정신
子曰, 士志於道而恥惡衣惡食者, 未足與議也.

의로운 사람
子曰, 君子之於天下也, 無適也, 無莫也, 義之與比.

도덕과 이익 추구

공자가 말하였다.

"군자는 도덕을 생각하고, 소인은 토지를 생각한다. 군자는 사람의 도리를 어기지나 않을까 고민하고, 소인은 어떻게 하면 혜택을 받을까 고민한다."

사리 사욕

공자가 말하였다.

"자기 이익만을 위해 행동하면 원망을 많이 듣게 된다."

지도자의 도덕성

공자가 말하였다.

"정치가가 공정한 마음과 남을 위하는 마음으로 나라를 다스린다면 무슨 어려움이 있겠는가? 그러나 정치가가 그런 마음을 갖추지 못한다면 아무리 좋은 제도를 만든들 무슨 소용이 있겠는가?"

내 탓이오

공자가 말하였다.

"사회적 지위를 얻지 못하는 것을 고민하지 말고, 그 자리에 설 만한 실력이 없는 것을 고민하라. 남들이 알아주지 않는 것을 걱정하지 말고, 남들이 알아줄 만한 실력을 길러라."

성실과 사랑

공자가 말하였다.

"삼아, 내 도道는 하나로 꿰뚫어져 있다."

증자가 말하였다.

"예. 알고 있습니다."

공자가 밖으로 나가자 다른 제자들이 증자에게 물었다.

"방금 선생님께서 하신 말씀이 무슨 뜻인가?"

"선생님의 도는 충과 서일 뿐입니다."

*삼(參)은 증자의 이름. 증자는 공자보다 46살 아래인 제자였다.

*충(忠) : 마음에 중심이 서서 흔들리지 않는 것. 성실함.

*서(恕) : 남의 마음과 같아지는 것. 사랑함.

도덕과 이익 추구

子曰, 君子懷德, 小人懷土, 君子懷刑, 小人懷惠.

사리 사욕

子曰, 放於利而行, 多怨.

지도자의 도덕성

子曰, 能以禮讓, 爲國乎, 何有, 不能以禮讓, 爲國, 如禮, 何.

내 탓이오

子曰, 不患無位, 患所以立, 不患莫己知, 求爲可知也.

성실과 사랑

子曰, 參乎, 吾道一以貫之. 曾子曰, 唯. 子出, 門人問曰, 何謂也. 曾子曰, 夫子之道, 忠恕而已矣.

두 종류의 사람

공자가 말하였다.

"군자는 의리에 밝고, 소인은 이익에 밝다."

나의 거울

공자가 말하였다.

"어진 사람을 보면 '나도 저 사람처럼 되어야겠다' 하고 생각하고, 어질지 못한 사람을 보면 '내게도 혹시 저런 잘못이 있는 건 아닐까' 하고 반성해 보아라."

은근과 끈기

공자가 말하였다.

"부모가 잘못을 저지르면 기회를 보아 잘 말씀드리고, 만약 부모가 그 말을 따르지 않더라도 더욱 공경하여 거스르지 말아라. 그리고 이런 일이 아무리 힘들어도 원망하는 마음을 가져서는 안 된다."

부모의 걱정

공자가 말하였다.

"부모가 살아 계신 동안에는 너무 먼 곳으로 여행을 떠나지 말고, 부득이 떠나게 되면 반드시 연락할 방법을 마련해 두어야 한다."

삼년상의 의미

공자가 말하였다.

"부모가 돌아가신 후 3년 동안은 부모가 하시던 일을 고치지 않아야 효도라고 할 수 있다."

효자의 자세

공자가 말하였다.

"부모의 나이는 꼭 기억하고 있어야 한다. 그러면 한편으로는 오래 사시는 것이 기쁘고, 다른 한편으로는 돌아가실 날이 가까워 오니 조심스러워질 것이다."

두 종류의 사람
子曰, 君子喩於義, 小人喩於利.

나의 거울
子曰, 見賢思齊焉, 見不賢而內自省也.

은근과 끈기
子曰, 事父母, 幾諫, 見志不從, 又敬不違, 勞而不怨.

부모의 걱정
子曰, 父母在, 不遠遊, 遊必有方.

삼년상의 의미
子曰, 三年, 無改於父之道, 可謂孝矣.

효자의 자세
子曰, 父母之年, 不可不知也, 一則以喜, 一則以懼.

실천의 무게

공자가 말하였다.

"옛 성현들이 말을 앞세우지 않았던 것은, 말한 대로 실천하지 못하는 것을 부끄러워했기 때문이다."

자기 관리

공자가 말하였다.

"절제 있는 생활을 하라. 그러면 잃는 것이 적다."

실천 의지

공자가 말하였다.

"군자는 말은 어눌하게 하고 실천은 민첩하게 하고자 한다."

도덕의 감화력

공자가 말하였다.

"덕이 있는 사람은 외롭지 않다. 반드시 공감하는 이웃이 있다."

지나치면 문제

자유가 말하였다.

"윗사람에게 지나칠 정도로 자주 간언을 하면 곤욕을 치르게 되고, 친구에게 지나칠 정도로 자주 충고를 하면 사이가 벌어진다."

*자유(子遊) : 공자의 제자.

실천의 무게
子曰, 古者, 言之不出, 恥躬之不逮也.

자기 관리
子曰, 以約失之者鮮矣.

실천 의지
子曰, 君子, 欲訥於言而敏於行.

도덕의 감화력
子曰, 德不孤, 必有隣.

지나치면 문제
子游曰, 事君數, 斯辱矣, 朋友數, 斯疏矣.

公冶長 공야장

5 사람을 보는 눈

공자의 인물관

공자가 제자인 공야장公冶長에 대해 "그는 내 사위가 될 만하다. 한때 옥중에 있기도 하였지만 그것은 그의 죄가 아니었다." 하고는 딸을 시집 보냈다.

공자가 제자인 남용南容에 대해 "그는 올바른 정치가 이루어지면 반드시 등용될 것이고, 나라가 어지럽더라도 목숨은 보전할 것이다." 하고는 형의 딸을 시집 보냈다.

하나를 보면

제자 자천子賤은 부모와 어른을 진심으로 섬기고 좋은 친구들을 사귀었다. 공자가 그에 대해 말하였다.

"자천이야말로 진정한 군자이다. 그리고 이런 사람이 있는 것을 보아, 노나라에 군자다운 사람이 많다는 것을 알 수 있다. 만일 그렇지 않다면 그가 어디서 이토록 훌륭한 덕행을 본받았겠는가?"

유능한 제자

제자 자공이 공자에게 물었다.

"선생님은 저를 어떻게 보십니까?"

"너는 쓸 만한 그릇이다."

"어떤 그릇입니까?"

"종묘 제사에 쓰이는 보배롭고 빛나는 그릇이다."

언변과 성실성

어떤 사람이 공자의 제자인 염옹冉雍에 대해 말하였다.

"그는 인격은 훌륭하지만 말재주가 부족합니다."

공자가 말하였다.

"말재주가 무슨 소용입니까? 말재주만 가지고 사람을 상대하다 보면 미움받기 일쑤입니다. 과연 그대의 말대로 염옹이 훌륭한 인격을 갖추었는지는 잘 모르겠지만, 어쨌든 말재주란 중요한 것이 아닙니다."

공자의 인물관
子謂公冶長, 可妻也, 雖在縲絏之中, 非其罪也, 以其子妻之.
子謂南容, 邦有道, 不廢, 邦無道, 免於刑戮, 以其兄之子妻之.

하나를 보면
子謂子賤, 君子哉, 若人, 魯無君子者, 斯焉取斯.

유능한 제자
子貢問曰, 賜也何如. 子曰, 女器也. 曰, 何器也. 曰, 瑚璉也.

언변과 성실성
或曰, 雍也, 仁而不佞. 子曰, 焉用佞, 禦人以口給, 屢憎於人, 不知其仁, 焉用佞.

겸양의 미덕

공자가 제자인 칠조개漆雕開에게 관직을 맡으라고 권하자 그는 "저는 아직 그런 직책을 감당할 자신이 없습니다." 하고 대답했다. 이 말을 듣고 공자는 매우 기뻐했다.

격려와 충고

공자가 말하였다.

"이 세상에서 도道가 행해지지 않으니 차라리 뗏목을 타고 저 바다로 나가고 싶구나. 아마 그때 나를 따라나설 사람은 중유뿐일 것이다."

자로가 이 말을 듣고 지나치게 기뻐하자 공자가 말하였다.

"중유는 나보다 용기 있는 사람이지만, 사리를 잘 판단하지는 못하더구나."

*중유(仲由) : 자로의 이름.

제자들에 대한 평가

노나라 대부 맹의자의 아들인 맹부백이 공자에게 제자들에 대해 물었다.

"자로는 어진 사람입니까?"

"글쎄요. 잘 모르겠습니다."

맹무백이 거듭 묻자 공자가 대답하였다.

"그는 제후의 나라에서 군대를 통솔할 만한 능력을 갖추었지요. 하지만 그가 어진 사람인지는 잘 모르겠습니다."

"염구冉求는 어떻습니까?"

"그는 규모가 큰 고을의 읍장을 맡거나, 대부의 가신을 맡으면 일을 잘 해낼 것입니다. 하지만 그가 어진 사람인지는 잘 모르겠습니다."

"그러면 공서적公西赤은 어떻습니까?"

"그는 예복을 갖추어 입고 외국에서 온 손님들을 접대하는 일을 맡으면 잘 해낼 것입니다. 하지만 그가 어진 사람인지는 잘 모르겠습니다."

겸양의 미덕
子使漆雕開仕, 對曰, 吾斯之未能信, 子說.

격려와 충고
子曰, 道不行, 乘桴浮于海, 從我者其由與. 子路聞之喜. 子曰, 由也, 好勇過我, 無所取材.

제자들에 대한 평가
孟武伯問, 子路仁乎, 子曰, 不知也. 又問, 子曰, 由也, 千乘之國, 可使治其賦也, 不知其仁也. 求也何如, 子曰, 求也, 千室之邑, 百乘之家, 可使爲之宰也, 不知其仁也. 赤也何如, 子曰, 赤也, 束帶立於朝, 可使與賓客言也, 不知其仁也.

자신을 아는 사람

공자가 자공에게 물었다.

"너와 안회 가운데 누가 더 낫다고 생각하느냐?"

"제가 어찌 안회와 견주길 바라겠습니까? 그는 하나를 들으면 열을 알지만, 저는 하나를 들으면 겨우 둘을 알 뿐입니다."

공자가 기뻐하며 말하였다.

"그 말이 맞다. 너만이 아니라 나조차도 안회에게 못미치는 점이 많다."

나태한 정신 상태

재여가 자주 낮잠을 자므로 공자가 말하였다.

"썩은 나무로는 조각할 수 없고 썩은 흙으로 쌓은 담장은 흙손질할 수 없으니, 재여를 꾸짖어서 무엇하겠느냐! 전에는 내가 사람을 대할 때 그 사람의 말을 듣고는 행실까지 믿었는데, 지금은 말만으로는 믿지 못하고 꼭 행실을 보게 되었다. 내가 이렇게 바뀐 것은 재여 때문이다."

*재여(宰予) : 공자의 제자. 말재주가 뛰어난 사람이었다.

불굴의 의지

공자가 제자들에게 말하였다.

"나는 아직 의지가 굳센 사람을 보지 못하였다."

누군가가 말하였다.

"선생님, 신정이 있지 않습니까?"

"아니다. 욕심이 많은 것과 의지가 굳센 것은 다르다. 그는 욕심 많은 사람일 뿐이다."

*신정(申棖) : 공자의 제자.

남들을 내 몸같이

자공이 공자에게 말하였다.

"제가 하고 싶지 않은 일을 남에게 시키지 않도록 하겠습니다."

"좋은 말이다. 그러나 너는 아직 그런 일을 실천할 수 있는 경지에 이르지 못하였다."

자신을 아는 사람
子謂子貢曰, 女與回也, 孰愈. 對曰, 賜也何敢望回, 回也聞一以知十, 賜也聞一以知二. 子曰, 弗如也, 吾與女, 弗如也.

나태한 정신 상태
宰予晝寢, 子曰, 朽木, 不可雕也, 糞土之牆, 不可杇也, 於予與, 何誅. 子曰, 始吾於人也, 聽其言而信其行, 今吾於人也, 聽其言而觀其行, 於予與改是.

불굴의 의지
子曰, 吾未見剛者. 或對曰, 申棖. 子曰, 棖也慾, 焉得剛.

남들을 내 몸같이
子貢曰, 我不欲人之加諸我也, 吾亦欲無加諸人. 子曰, 賜也, 非爾所及也.

우주론과 인성론

자공이 말하였다.

"선생님의 가르침은 대부분 누구나 이해할 수 있지만, 자연의 법칙과 인간의 본성에 관한 철학적인 말씀만은 이해하기 어렵다."

충실한 실천가

자로는 선생님의 교훈을 들으면, 혹시 그것을 미처 실천하지 못한 상태에서 또 새로운 교훈을 듣게 되지나 않을까 걱정하였다.

아랫사람에게 묻는 것

자공이 공자에게 물었다.

"위나라의 대부 공문자孔文子는 행실이 썩 좋지 못한 사람이었는데, 왜 문文이라는 좋은 시호를 받았을까요?"

"그는 매우 총명하고 학문을 좋아했으며, 아랫사람에게 묻는 것을 부끄러워하지 않았다. 그래서 문이라는 시호를 받은 것이다."

*시호(諡號) : 죽은 뒤에 그 인물의 공덕을 기리어 지어 주던 이름.

군자의 도리

공자가 자산에 대하여 말하였다.

"그는 군자의 도리 네 가지를 갖추었다. 행실이 겸손하고 윗사람을 공경했으며, 백성을 사랑하고 일을 공정하게 처리하였다."

*자산(子產) : 중국 춘추 시대의 이름난 정치가.

친할수록 예의를

공자가 제나라 대부인 안평중晏平仲에 대해 말하였다.

"그는 교우 관계를 잘하였다. 사귄 지가 오래 되어도 변함없이 예의를 잘 지켰다."

우주론과 인성론
子貢曰, 夫子之文章, 可得而聞也, 夫子之言性與天道, 不可得而聞也.

충실한 실천가
子路有聞, 未之能行, 唯恐有聞.

아랫사람에게 묻는 것
子貢問曰, 孔文子, 何以謂之文也. 子曰, 敏而好學, 不恥下問, 是以謂之文也.

군자의 도리
子謂子產, 有君子之道四焉, 其行己也恭, 其事上也敬, 其養民也惠, 其使民也義.

친할수록 예의를
子曰, 晏平仲, 善與人交, 久而敬之.

미신과 지혜

공자가 노나라 대부인 장문중臧文仲에 대해 말하였다.

"세상 사람들은 그를 보고 지혜롭다고 하지만 나는 그렇게 생각하지 않는다. 그는 점치는 거북을 집에 모셔 두고 기둥과 서까래에 무늬를 새기는 등 귀신에게 잘 보이려 애썼다. 이처럼 백성들을 위해 애쓰기보다는 귀신에게 아첨하는 데 바쁜 사람을 어떻게 지혜롭다고 하겠는가?"

충성과 인

자장이 공자에게 물었다.

"초나라의 정승이었던 자문子文은 세 번 정승 벼슬을 하였지만, 관직에 임명되어도 기뻐하는 법이 없었습니다. 또 그는 세 번 면직되었는데, 그때마다 불평하는 빛 없이 후임자에게 성실히 직무를 인계해 주었습니다. 선생님은 이런 사람을 어떻게 보십니까?"

"참 충성스러운 사람이구나."

"그렇다면 어진 사람이라고도 할 수 있을까요?"

"모르긴 해도 어질다고 말하기는 어려울 것 같구나."

지조와 인

자장이 공자에게 물었다.

"제나라의 대부 최자崔子가 자기 아내와 정을 통한 임금을 죽였을 때, 함께 대부 벼슬을 하던 진문자陳文子는 많은 재산을 버린 채 다른 나라로 떠났습니다. 그런데 그 나라에도 부도덕한 신하들이 실권을 잡고 있었습니다. 그러자 진문자는 '이들도 우리나라의 최자와 같은 부류로구나!' 하고는 또 다른 나라로 떠났습니다. 하지만 두 번째로 찾아간 나라도 사정은 마찬가지여서, 진문자는 또 한 번 같은 말을 남기고는 그 나라를 떠났습니다. 선생님은 이런 사람을 어떻게 보십니까?"

"참 깨끗한 사람이구나."

"어진 사람이라고 할 수는 없을까요?"

"모르긴 해도 어질다고 말하기는 어려울 것 같구나."

미신과 지혜
子曰, 臧文仲, 居蔡, 山節藻梲, 何如其知也.

충성과 인
子張問曰, 令尹子文, 三仕爲令尹, 無喜色, 三已之, 無慍色, 舊令尹之政, 必以告新令尹, 何如, 子曰, 忠矣. 曰, 仁矣乎. 曰, 未知, 焉得仁.

지조와 인
崔子弑齊君, 陳文子有馬十乘, 棄而違之, 至於他邦, 則曰, 有吾大夫崔子也, 違之, 之一邦, 則又曰, 猶吾大夫崔子也, 違之, 何如. 子曰, 淸矣. 曰, 仁矣乎. 曰, 未知, 焉得仁.

우유부단

노나라의 대부 계문자季文子는 무슨 일이든 세 번 생각해 본 뒤에 행동으로 옮겼다. 이 말을 들은 공자가 말하였다.

"세 번은 너무 지나친 것 같구나. 무슨 일이든 너무 많이 생각하다 보면 마음이 복잡해져 판단력이 흐려지기 때문이다. 두 번 정도 생각한 뒤에 결단하면 적당할 것이다."

우직한 충성

공자가 위나라 대부인 영무자甯武子에 대해 말하였다.

"그는 나라의 정치가 순조로울 때는 지혜를 발휘해 국정을 이끌어 갔고, 그후 나라가 혼란스러워졌을 때는 우직하게 자리를 지키며 국난을 수습했다. 그의 지혜로움은 남들도 따를 수 있겠지만, 그 우직한 충성은 도저히 따를 수 없다."

후진 양성

공자는 일평생 중국의 여러 나라를 찾아다니며 자기의 이상을 실현해 보려고 무진 애를 썼다. 30여 년 동안 72명의 임금을 만나 자신의 사상을 피력했지만, 아무도 진심으로 호응하지 않았다. 60대 후반의 나이로 진나라에 머물던 공자는 어느 날, 정치 참여를 단념하고 여생을 젊은이들을 교육하는 데 바치기로 결심하였다. 공자는 조국 노나라를 떠난 지 14년만에 노나라로 돌아가게 된다.

진나라에 머물 때, 공자가 말하였다.

"돌아가리라! 노나라로 돌아가리라! 우리 고향의 젊은이들은 이상은 높지만 그것을 실현할 만한 실력은 아직 갖추지 못하였다. 그들은 비단처럼 아름다운 재질을 가지고 있지만, 아직 재단하는 법을 배우지 못하였다."

백이와 숙제

백이伯夷와 숙제叔齊는 고죽孤竹이라는 작은 나라의 왕자였다. 두 형제는 서로 왕위를 양보할 정도로 사심 없는 사람들이었다. 뒷날 당시 제후국이었던 주나라의 무왕武王이 무력으로 은나라 주왕紂王을 몰아내기 위해 거사하자, 그들은 무왕의 말 고삐를 잡고 말렸다고 한다. 주왕이 비록 포악하기는 하지만, 어떤 경우에도 신하가 임금을 죽이는 것은 옳지 못하다는 것이었다. 무왕이 끝내 주왕을 죽이고 천자가 되자, 그들은 새 왕조의 곡식을 먹는 것을 부

우유부단
季文子三思而後行, 子聞之曰, 再斯可矣.

우직한 충성
子曰, 甯武子邦有道則知, 邦無道則愚, 其知可及也, 其愚不可及也.

후진 양성
子在陳, 曰, 歸與, 歸與, 吾黨之小子狂簡, 斐然成章, 不知所以裁之.

백이와 숙제
子曰, 伯夷叔齊, 不念舊惡, 怨是用希.

끄럽게 여겨 수양산에 들어가 고사리를 캐 먹다가 결국 굶어 죽었다. 공자보다 500여 년 전의 인물들이다.

공자가 말하였다.

"백이와 숙제는 남들의 지나간 잘못을 마음에 담아 두지 않았기 때문에 그들을 원망하는 사람이 거의 없었다."

정직과 위선

공자가 정직하기로 소문난 미생고微生高라는 사람에 대해 말하였다.

"누가 그를 정직한 사람이라고 하는가? 어떤 사람이 그에게 식초를 얻으러 갔는데, 이웃집에서 빌려다가 주었다고 하더구나. 정직함이란 옳은 것은 옳다고 하고 그른 것은 그르다고 하며, 있으면 있다고 하고 없으면 없다고 하는 것이다. 미생고는 남의 것을 빌려서까지 은혜를 베푸는 공명심 강한 사람일 뿐이다."

비굴한 사람

공자가 말하였다.

"옛날에 좌구명은 듣기 좋은 말과 아부하는 얼굴로 지나치게 공손히 구는 것을 부끄럽게 여겼는데, 나 또한 그런 것을 부끄럽게 여긴다. 또 좌구명은 마음속에 원망을 숨긴 채 그 사람과 친하게 지내는 것을 수치로 여겼는데, 나 또한 그런 것을 수치로 여긴다."

*좌구명(左丘明) : 『춘추좌씨전(春秋左氏傳)』의 저자.

그 스승에 그 제자

안회와 자로가 공자를 모시고 있는데 공자가 말하였다.

"너희들의 포부를 듣고 싶구나."

자로가 말하였다.

"저는 좋은 수레와 좋은 말, 그리고 고급스런 털가죽 옷을 친구들과 나누어 쓰고도 아쉬워하지 않는 사람이 되었으면 합니다."

이어서 안회가 말하였다.

"장점을 자랑하지 않고 공로를 과시하지 않는 사람이 되고 싶습니다."

자로가 말하였다.

정직과 위선
子曰, 孰謂微生高直, 或乞醯焉, 乞諸其鄰而與之.

비굴한 사람
子曰, 巧言令色足恭, 左丘明恥之, 丘亦恥之, 匿怨而友其人, 左丘明恥之, 丘亦恥之.

그 스승에 그 제자
顔淵季路侍, 子曰, 盍各言爾志, 子路曰, 願車馬, 衣輕裘, 與朋友共, 敝之而無憾. 顔淵曰, 願無伐善, 無施勞. 子路曰, 願聞子之志. 子曰, 老者, 安之, 朋友, 信之, 少者, 懷之.

"선생님의 뜻을 듣고 싶습니다."

"나는 노인들을 편안하게 하고, 친구들에게 신뢰받고, 아이들을 사랑하는 사람이 되고 싶구나."

개과천선

공자가 말하였다.

"안타깝구나! 나는 아직까지 자기 잘못을 깨닫고 깊이 반성하는 사람을 보지 못하였다."

학문을 사랑함

공자가 말하였다.

"열 가구가 사는 작은 마을에도 반드시 나만큼 성실하고 신의 있는 사람이 있겠지만, 나만큼 학문을 좋아하는 사람은 없을 것이다."

개과천선

子曰, 已矣乎, 吾未見能見其過而內自訟者也.

학문을 사랑함

子曰, 十室之邑, 必有忠信如丘者焉, 不如丘之好學也.

雍也 옹야

6 사람다운 사람

대인의 풍모

공자가 제자 염옹에게 말하였다.

"너는 임금 자리에 앉을 만한 도량을 갖추었다."

염옹이 물었다.

"그럼 자상백자는 어떻습니까?"

"그도 왕이 될 만하지. 대범한 사람이니까."

"내면적으로는 신중하고 경건한 마음을 가진 사람이 행동은 대범하게 하여 백성을 다스린다면 왜 왕의 자격이 없겠습니까? 그러나 마음가짐도 행동도 모두 대범하다면 그건 대범함이 지나친 것 아닐까요?"

"그래. 네 말이 옳다."

*자상백자(子桑伯子) : 노나라 사람이라고 하나 분명치 않음.

진정한 배움

노나라 임금 애공哀公이 공자에게 물었다.

"선생님 제자들 가운데 누가 배우는 것을 즐거워합니까?"

"안회라는 사람이 배우기를 좋아하였지요. 그는 남에게 화풀이를 하지 않고, 같은 잘못을 두 번 되풀이하지 않았는데, 불행히도 명이 짧아 요절하였습니다. 지금은 그가 가고 없으니, 배우기를 즐거워하는 사람이 있다는 말을 듣지 못하였습니다."

재물에 대한 견해

어느 날 자화子華(공서적)가 공자의 심부름으로 제나라에 가게 되었다. 그러자 염구가 공자에게 요청했다.

"공서적의 늙은 어머니를 위해 식량을 보조해 주었으면 합니다."

"여섯 말 넉 되를 주어라."

"선생님, 그건 너무 적습니다."

"그럼 열여섯 말을 주어라."

염구는 이것도 적다고 생각하여 곡식 80섬을 주었다.

나중에 이 사실을 안 공자가 말하였다.

"그가 제나라로 떠날 때 살찐 말을 타고 고급스런 털가죽 옷을 입은 걸로 보아 집이 부유한 것을 알 수 있다. 내가 들으니 군자는 다급한 사람을 도울 뿐 여유 있는 사람을 더 보태 주지는 않는다고 하더라."

대인의 풍모
子曰, 雍也, 可使南面. 仲弓問子桑伯子, 子曰, 可也, 簡. 仲弓曰, 居敬而行簡, 以臨其民, 不亦可乎, 居簡而行簡, 無乃大簡乎. 子曰, 雍之言然.

진정한 배움
哀公問, 弟子孰爲好學. 孔子對曰, 有顔回者好學, 不遷怒, 不貳過, 不幸短命死矣, 今也則亡, 未聞好學者也.

재물에 대한 견해
子華使於齊,冉子爲其母請粟, 子曰, 與之釜, 請益, 曰, 與之庾.冉子與之粟五秉. 子曰, 赤之適齊也, 乘肥馬, 衣輕裘, 吾聞之也, 君子周急, 不繼富. 原思爲之宰, 與之粟九百, 辭, 子曰, 毋, 以與爾鄰里鄕黨乎.

공자가 노나라의 법무장관으로 있을 때 제자 원헌原憲이 비서로 일했다. 공자가 봉급으로 곡식 900섬을 주자 원헌은 너무 많다고 사양했다. 그러자 공자가 말하였다.

"사양하지 말라. 만약 여유가 있다면 형편이 어려운 마을 사람들에게 나누어 주면 되지 않느냐?"

가문보다 인품

중궁仲弓(염옹)의 아버지는 행실이 나빠 평판이 좋지 않았다. 중궁이 이를 비관하자 공자가 위로하였다.

"얼룩소의 새끼라도 털이 붉고 뿔이 바르다면, 비록 사람들이 제물로 쓰지 않으려 해도 산천의 신들이 버릴 리가 있겠느냐?"

*주나라 사람들은 붉은색을 숭상하여 붉은 소를 제물로 썼다.

훌륭한 제자

공자가 말하였다.

"안회는 그 마음이 석 달 동안 인仁을 어기지 않았지만, 다른 제자들은 하루에 한 번 또는 한 달에 한 번쯤이나 인에 다다를 따름이다."

장점을 취하라

노나라 대부 계장자季康子가 공자에게 물었다.

"자로는 정치를 맡길 만한 인물입니까?"

"그는 결단력이 있으니 정치를 맡는 데 무슨 어려움이 있겠습니까?"

"자공은 어떻습니까?"

"그는 사리에 밝으니 정치를 맡는 데 무슨 어려움이 있겠습니까?"

"그러면 염구는 어떻습니까?"

"그는 재능이 뛰어나니 정치를 맡는 데 무슨 어려움이 있겠습니까?"

부도덕한 권력

노나라 대부 계씨는 권력을 남용하여 비난을 한 몸에 받았다.

가문보다 인품
子謂仲弓曰, 犁牛之子, 騂且角, 雖欲勿用, 山川其舍諸.

훌륭한 제자
子曰, 回也, 其心三月不違仁, 其餘則日月至焉而已矣.

장점을 취하라
季康子問, 仲由可使從政也與, 子曰, 由也, 果, 於從政乎, 何有. 曰, 賜也, 可使從政也與. 曰, 賜也, 達, 於從政乎, 何有. 曰, 求也, 可使從政也與. 曰, 求也, 藝, 於從政乎, 何有.

부도덕한 권력
季氏使閔子騫爲費宰, 閔子騫曰, 善爲我辭焉, 如有復我者, 則吾必在汶上矣.

어느 날 계씨가 공자의 제자 민자건閔子騫을 자기 관할 지역의 읍장으로 삼기 위해 사신을 보내왔다.

민자건이 그 사신에게 말하였다.

"돌아가서 내 말을 잘 전해 주시오. 만약 다시 한 번 나를 부르러 온다면, 나는 그날로 제나라로 떠날 것이오."

존재의 한계

덕행이 뛰어난 제자 염백우冉伯牛가 괴질에 걸려 소생할 가망이 없었다. 문병을 간 공자는 그의 손을 꼭 쥐고 탄식하였다.

"아! 이것이 천명이란 말인가. 자네가 이런 병에 걸리다니! 자네가 이런 병에 걸리다니!"

안빈낙도

공자가 말하였다.

"어질구나, 안회여! 한 소쿠리의 밥과 한 표주박의 물을 마시며 누추한 골목에서 사는 것을 남들은 견디지 못하는데, 안회는 변함없이 그 생활을 즐기는구나. 어질구나, 안회여!"

역부족

염구가 공자에게 말하였다.

"선생님의 도道를 좋아하지 않는 것은 아니지만, 아무래도 제게는 힘에 부치는 일 같습니다."

"물론 역량이 모자라는 사람은 중도에 포기하게 되겠지. 그런데 너는 지금 해 보지도 않고 미리 한계선을 그어 버리는구나."

참된 지성인

공자가 자하에게 말하였다.

"너는 인격과 학식을 고루 갖춘 군자 선비가 되어야지, 얄팍한 재주나 자랑하는 소인 선비가 되어서는 안 된다."

공직자의 자세

제자 자유子游가 무성武城이라는 마을의 읍장으로 있을 때 공자

존재의 한계
伯牛有疾, 子問之, 自牖執其手, 曰, 亡之, 命矣夫, 斯人也而有斯疾也, 斯人也而有斯疾也.

안빈낙도
子曰,賢哉, 回也, 一簞食, 一瓢飮, 在陋巷, 人不堪其憂, 回也, 不改其樂, 賢哉, 回也.

역부족
冉求曰, 非不說子之道, 力不足也. 子曰, 力不足者, 中道而廢, 今女畫.

참된 지성인
子謂子夏曰, 女爲君子儒, 無爲小人儒.

공직자의 자세
子游爲武城宰, 子曰, 女得人焉爾乎, 曰, 有澹臺滅明者, 行不由徑, 非公事, 未嘗至於偃之室也.

가 물었다.

"그 동안 인재를 구했느냐?"

"예. 담대멸명澹臺滅明이라는 사람이 있는데 그는 편법으로 일을 처리하지 않고, 공적인 일이 아니면 제 방에 오는 법이 없습니다."

숨은 공로자

공자가 노나라 대부인 맹지반孟之反에 대해 말하였다.

"그는 자기 공로를 자랑하지 않는 사람이다. 전에 제나라 군사와의 전투에서 패해 달아날 때 그는 후미에서 적병을 막았다. 그리고 성문에 이르러서는 말에 채찍질하면서 '내가 일부러 뒤에 처진 것이 아니라 말이 달리지 않았어.' 하고 말하였다."

타락한 세상

공자가 한탄하였다.

"지금 세상에는 빼어난 말재주나 준수한 용모를 갖추지 못한 사람은 화를 면하기 어렵구나!"

삶의 문

공자가 한탄하였다.

"누구든 집을 나설 때 문을 거치지 않을 수 없다. 그런데 사람들은 왜 살아가면서 인생의 문인 도덕을 거치지 않으려 하는 걸까!"

자연성과 문화성

공자가 말하였다.

"군자란 소탈함과 교양이 잘 조화되어 균형을 이룬 사람이다. 소탈하긴 하지만 교양이 부족한 사람은 거친 야인野人이고, 교양은 있지만 소탈함이 부족한 사람은 답답한 관리이다."

성선설의 씨앗

공자가 말하였다.

"사람의 본성은 정직함 그 자체이다. 정직하지 않으면서도 살아 있는 것은 요행으로 벌을 면한 것일 뿐이다."

숨은 공로자
子曰, 孟之反不伐, 奔而殿, 將入門, 策其馬, 曰, 非敢後也, 馬不進也.

타락한 세상
子曰, 不有祝鮀之佞, 而有宋朝之美, 難乎免於今之世矣.

삶의 문
子曰, 誰能出不由戶, 何莫由斯道也.

자연성과 문화성
子曰, 質勝文則野, 文勝質則史, 文質彬彬, 然後君子.

성선설의 씨앗
子曰, 人之生也直, 罔之生也, 幸而免.

진리를 만끽함

공자가 말하였다.

"진리를 아는 것은 사랑하는 것보다 못하고, 진리를 사랑하는 것은 즐기는 것보다 못하다."

눈높이 교육

공자는 사람을 도덕적 자질에 따라 상 · 중 · 하 세 등급으로 나누었다.

공자가 말하였다.

"중간 이상의 자질을 가진 사람에게는 심원한 진리를 말할 수 있으나, 그 이하인 사람에게는 말해 주기 어렵다."

노력과 대가

제자 번지樊遲가 공자에게 물었다.

"지혜란 무엇입니까?"

"사람의 도리를 지키려 애쓰며, 신을 공경하되 의지하지 않으면 지혜롭다고 할 수 있다."

"어질다는 것은 무엇입니까?"

"먼저 고난을 마다하지 않고 노력한 뒤에 그 결과를 바라면 어질다고 할 수 있다."

지혜로운 사람, 어진 사람

공자가 말하였다.

"지혜로운 사람은 물을 좋아하고, 어진 사람은 산을 좋아한다. 지혜로운 사람은 동적動的이고, 어진 사람은 정적靜的이다. 그래서 지혜로운 사람은 즐겁게 살고, 어진 사람은 오래 산다."

*지자요수(知者樂水), 인자요산(仁者樂山)이라는 말이 여기서 나왔다. 지혜로운 사람은 사리에 밝아 흐르는 물과 같이 막힘이 없고, 어진 사람은 마음의 중심이 확고하고 안정되어 있어 마치 산과 같다는 것이다.

공리와 도덕

공자가 말하였다.

"명예와 실리를 중요시하는 제나라의 기풍을 한 번 혁신하면,

진리를 만끽함
子曰, 知之者, 不如好之者, 好之者, 不如樂之者.

눈높이 교육
子曰, 中人以上, 可以語上也, 中人以下, 不可以語上也.

노력과 대가
樊遲問知, 子曰, 務民之義, 敬鬼神而遠之, 可謂知矣. 問仁, 曰, 仁者, 先難而後獲, 可謂仁矣.

지혜로운 사람, 어진 사람
子曰, 知者樂水, 仁者樂山, 知者動, 仁者靜, 知者樂, 仁者壽.

공리와 도덕
子曰, 齊一變, 至於魯, 魯一變, 至於道.

예의와 신의를 중요시하는 노나라의 수준에 이를 것이다. 또 나아가 그런 노나라의 기풍을 한 차례 더 혁신하면, 이상적인 도덕 사회를 이룰 수 있을 것이다."

이름과 실상

공자가 말하였다.

"모난 그릇에 모서리가 없다면 어떻게 모난 그릇이라 하겠는가. 어떻게 모난 그릇이라 하겠는가."

*이 말은 다음과 같이 바꿔 볼 수 있다. "사람이 사람답지 못하면 어떻게 사람이라 하겠는가", "임금이 임금답지 못하면 어떻게 임금이라 하겠는가."

군자와 바보

제자 재아宰我가 공자에게 물었다.

"어진 사람은 비록 누가 거짓말로 '우물에 사람이 빠졌다' 하고 외치더라도 달려가서 우물 속으로 뛰어들어야 합니까?"

"어찌 그렇게 하겠느냐? 군자를 우물가로 가게 할 수는 있어도 우물에 빠지게 할 수는 없다. 군자를 속일 수는 있어도 바보로 만들 수는 없는 것이다."

실천의 기준

공자가 말하였다.

"군자가 학문을 폭넓게 배우고, 배운 것을 실천할 때 예禮에 알맞도록 가다듬는다면 도리에 어긋나는 일은 없을 것이다."

자로의 오해

위나라 영공靈公의 부인 남자南子는 행실이 좋지 않기로 소문난 여인이었다. 어느 날 그녀가 공자에게 만나기를 청하였다.

공자가 남자라는 여인을 만났다. 자로가 그 일을 못마땅해 하자 공자가 맹세하며 말하였다.

"내가 떳떳치 못한 일을 했다면 하늘이 버리실 것이다. 하늘이 버리실 것이다."

이름과 실상
子曰, 觚不觚, 觚哉觚哉.

군자와 바보
宰我問曰, 仁者, 雖告之曰井有仁焉, 其從之也. 子曰, 何爲其然也, 君子可逝也, 不可陷也, 可欺也, 不可罔也.

실천의 기준
子曰, 君子, 博學於文, 約之以禮, 亦可以弗畔矣夫.

자로의 오해
子見南子, 子路不說, 夫子矢之曰, 予所否者, 天厭之, 天厭之.

중용의 덕

공자가 말하였다.

"중용은 도덕의 극치이다. 그런데 이를 실천하는 사람은 드물구나."

*중용(中庸) : 중(中)은 지나침이나 모자람이 없는 것. 용(庸)은 공평하고 떳떳한 것.

박애와 인

자공이 공자에게 물었다.

"만약 널리 덕을 베풀어 대중을 고난에서 구하는 사람이 있다면, 어진 사람이라고 할 수 있을까요?"

"어떻게 어질다고만 하겠는가? 그야말로 성인일 것이다. 옛날 요순 같은 성인도 그렇게 하지 못할까봐 늘 고민하였다. 그리고 어진 사람이란 자기가 서고 싶으면 남도 세워 주고, 자기가 잘되고 싶으면 남도 잘되게 해 주는 사람이다. 자기를 미루어 남의 사정을 이해하는 것, 이것이 곧 인仁에 이르는 방법이다."

*요순(堯舜) : 중국 고대의 이상 군주인 요임금과 순임금.

중용의 덕

子曰, 中庸之爲德也, 其至矣乎, 民鮮, 久矣.

박애와 인

子貢曰, 如有博施於民而能濟衆, 何如, 可謂仁乎. 子曰, 何事於仁, 必也聖乎, 堯舜其猶病諸. 夫仁者, 己欲立而立人, 己欲達而達人. 能近取譬, 可謂仁之方也已.

述而 술이

7 진리의 길

진리의 전달자

공자가 말하였다.

"나는 옛부터 전해 오는 것을 서술할 뿐 새로운 것을 만들어 내지 않으며, 옛것을 믿고 좋아하는 정도를 은근히 노팽과 견주어 본다."

*노팽(老彭) : 중국 고대 은나라의 현인. 고서(古書)를 좋아했다고 한다.

겸손한 마음

공자가 말하였다.

"묵묵히 진리를 이해하고, 배우는 것을 싫어하지 않고, 가르치는 일을 게을리하지 않는 것. 이 세 가지 가운데 내가 제대로 실천한 것이 있었던가!"

영원한 고민거리

공자가 말하였다.

"인격을 수련하지 못하는 것, 학문을 체득하지 못하는 것, 옳은 일을 듣고도 실천하지 못하는 것, 잘못을 알고도 고치지 못하는 것. 이 네 가지가 내 고민거리이다."

평소의 모습

공자가 한가로이 집에 있을 때면 얼굴이 확 피어나고, 표정은 유난히 유쾌하였다.

평생 사모한 인물

공자가 한탄하였다.

"아, 내가 너무 늙었구나! 오랫동안 꿈속에서 주공을 뵙지 못했으니."

*주공(周公) : 공자가 평생 존경하고 사모한 인물. 주나라 문왕(文王)의 아들로, 주왕조를 세울 때 선진적인 문물 제도를 마련하였다. 공자가 태어난 노나라의 시조이기도 하다.

진리의 전달자
子曰, 述而不作, 信而好古, 竊比於我老彭.

겸손한 마음
子曰, 默而識之, 學而不厭, 誨人不倦, 何有於我哉.

영원한 고민 거리
子曰, 德之不修, 學之不講, 聞義不能徙, 不善不能改, 是吾憂也.

평소의 모습
子之燕居, 申申如也, 夭夭如也.

평생 사모한 인물
子曰, 甚矣, 吾衰也, 久矣, 吾不復夢見周公.

참다운 삶의 모습

공자가 말하였다.

"성인의 도에 뜻을 두고, 덕성을 굳게 지키며, 양심에 의지하고, 예술 세계에서 노닐어라."

차별 없는 교육

공자가 말하였다.

"나는 최소한의 예의를 갖추는 사람이면 모두 제자로 받아들였다."

*공자는 출신이나 능력을 따지지 않고 배우기를 원하는 사람은 누구나 제자로 받아들였다. 귀족 계급만이 독점했던 교육 기회를 대중화한 것이다.

문을 두드려라

공자가 말하였다.

"알고자 하는 열의가 없는 사람은 가르쳐 줄 필요가 없고, 아는 것을 표현하려고 애쓰지 않는 사람은 일깨워 줄 필요가 없다. 그리고 사각형의 한 모서리를 보여 주어도 나머지 세 모서리를 미루어 알지 못하면, 반복해서 가르칠 필요가 없다."

슬픔을 함께함

공자는 상을 당한 사람 곁에서 식사할 때는 배불리 먹지 않았다. 그리고 상가에 가서 곡을 한 날에는 노래를 부르거나 음악을 듣지 않았다.

만용과 용기

어느 날 공자가 제자들과 대화를 나누고 있었다.

공자가 안회에게 말하였다.

"관직에 등용되면 나아가 경륜을 펼치고, 관직에서 밀려나면 들어앉아 학문을 탐구할 수 있는 사람은 오직 자네와 나뿐인 것 같군."

평소 용맹을 자부하던 자로가 물었다.

"만약 선생님께서 군부를 통솔하신다면 누구와 함께하시겠습니까?"

참다운 삶의 모습
子曰, 志於道, 據於德, 依於仁, 游於藝.

차별 없는 교육
子曰, 自行束修以上, 吾未嘗無誨焉.

문을 두드려라
子曰, 不憤, 不啓, 不悱, 不發, 擧一隅, 不以三隅反, 則不復也.

슬픔을 함께함
子食於有喪者之側, 未嘗飽也. 子於是日, 哭則不歌.

만용과 용기
子謂顔淵曰, 用之則行, 舍之則藏, 惟我與爾有是夫. 子路曰, 子行三軍, 則誰與. 子曰, 暴虎馮河, 死而無悔者, 吾不與也, 必也, 臨事而懼, 好謀而成者也.

"맨주먹으로 호랑이에게 달려들고 배도 없이 강을 건너려다가 죽어도 후회하지 않는 무모한 사람과는 함께하지 않겠다. 모든 일에 신중하게 임하며, 미리 계획을 세워 일을 성사시키는 사람이 좋을 것이다."

내 몫의 일

공자가 말하였다.

"나도 부유해질 수만 있다면 마부 노릇이라도 하겠다. 하지만 아무나 부자가 될 수 없는 것이라면 나는 내가 좋아하는 일을 하겠다."

제사 · 전쟁 · 질병

공자는 특별히 세 가지 일을 삼갔다. 정성을 드리는 제사, 나라와 백성의 존망이 달린 전쟁, 개인의 생명이 달린 질병이 그것이었다.

예술을 아는 사람

공자가 제나라에 있을 때 순임금이 지은 음악인 소악韶樂을 배웠는데, 그 음악을 배우는 3개월 동안 고기 맛을 느끼지 못할 정도로 심취하였다. 공자는 줄곧 이렇게 감탄하곤 했다.

"음악이 이렇게 절묘한 경지에 이를 수 있으리라고는 생각지도 못하였구나!"

인륜과 권력

위나라의 관직에 있는 염유가 자공에게 물었다.

"자기 아버지와 권력 투쟁을 벌이는 위나라 임금을 선생님이 도와 주실까?"

"글쎄. 내가 한번 여쭈어 보지."

자공은 공자의 처소에 들어가서 물었다.

"백이와 숙제는 어떤 사람들이었습니까?"

"옛날 현인들이다."

"그들은 서로 왕위를 양보한 것을 남몰래 후회하지 않았을까요?"

"사람다움을 추구하여 사람다움을 얻었는데, 무슨 후회가 있었겠는가?"

자공이 나와서 염유에게 말하였다.

"선생님은 돕지 않으실 걸세."

내 몫의 일
子曰, 富而可求也, 雖執鞭之士, 吾亦爲之, 如不可求, 從吾所好.

제사 · 전쟁 · 질병
子之所愼, 齊戰疾.

예술을 아는 사람
子在齊聞韶, 三月, 不知肉味, 曰, 不圖爲樂之至於斯也.

인륜과 권력
冉有曰, 夫子爲衛君乎. 子貢曰, 諾, 吾將問之. 入曰, 伯夷叔齊何人也. 曰, 古之賢人也. 曰, 怨乎. 曰, 求仁而得仁, 又何怨. 出曰, 夫子不爲也.

떳떳치 못한 부귀

공자가 말하였다.

"초라한 식사를 하고 팔을 베개 삼아 누울지라도 즐거움이 그 가운데 있으니, 옳지 않은 방법으로 얻은 부와 권력이란 내게 뜬 구름과 같다."

인생의 이치가 담긴 주역

노년의 공자가 말하였다.

"하늘이 내게 몇 년의 시간을 주어 『역경』을 공부하게 한다면, 큰 잘못 없이 일생을 마칠 수 있을 텐데."

*『역경(易經)』: 『주역(周易)』이라고도 불리는 중국 고대의 철학책. 동양 사상의 토대가 되었다.

일상적인 가르침

공자는 늘 『시경詩經』, 『서경書經』, 『예기禮記』에 대해 이야기하였다.

나이마저 잊고

초나라의 지방 관리인 섭공葉公이 자로에게 "공자는 어떤 사람인가?" 하고 물었는데, 자로는 마땅한 말이 떠오르지 않아 대답하지 못했다.

공자가 이 말을 듣고 자로에게 말하였다.

"이렇게 대답해 주지 그랬느냐. 그 사람은 학문에 열중하면 끼니도 잊고, 진리를 즐기느라 근심 걱정을 잊어 자기가 늙어 가는 것조차 모르는 사람이라고."

천재와 노력가

공자가 말하였다.

"나는 태어나면서부터 사물의 이치를 깨달은 천재가 아니다. 단지 옛것을 좋아하여 부지런히 탐구하는 사람일 뿐이다."

떳떳치 못한 부귀
子曰, 飯疏食, 飮水, 曲肱而枕之, 樂亦在其中矣, 不義而富且貴, 於我如浮雲.

인생의 이치가 담긴 주역
子曰, 加我數年, 五十以學易, 可以無大過矣.

일상적인 가르침
子所雅言, 詩書執禮, 皆雅言也.

나이마저 잊고
葉公問孔子於子路, 子路不對, 子曰, 女奚不曰, 其爲人也, 發憤忘食, 樂以忘憂, 不知老之將至云爾.

천재와 노력가
子曰, 我非生而知之者, 好古敏以求之者也.

공자가 꺼려한 것들

공자는 괴이한 일, 완력을 쓰는 일, 질서를 어지럽히는 일, 귀신의 조화 등에 대해서는 말하지 않았다.

*이 말을 뒤집어 보면 공자는 상식적인 것, 도덕에 관한 것, 질서를 세우는 것, 인간 생활에 관한 것만을 가르쳤다는 뜻이 된다.

모두가 나의 스승

공자가 말하였다.

"세 사람이 함께 길을 가면 그 가운데 반드시 내 스승이 될 만한 사람이 있다. 남의 좋은 점을 골라 본받고, 남의 나쁜 점을 통해 내 잘못을 반성하는 것이다."

인명 재천

공자가 여러 나라 임금을 찾아 다니며 지도자의 솔선 수범과 도덕 정치를 설교하자, 그런 공자를 눈엣가시처럼 여기는 권력자들도 적지 않았다. 송나라의 군사 책임자인 환퇴桓魋라는 인물도 그 가운데 하나였다.

송나라에 도착한 공자가 큰 나무 아래서 강의를 하고 있었다. 그때 환퇴라는 자가 군인들을 시켜 공자를 죽이려 했다. 제자들이 피하라고 하자 공자가 말하였다.

"하늘이 내게 덕德을 내리셨는데, 환퇴 따위가 감히 나를 해칠 수 있겠는가?"

진리는 사유물이 아니다

공자가 제자들에게 말하였다.

"너희들은 내가 감추고 가르쳐 주지 않는 것이 있다고 생각하는가? 결코 그런 일이 없다. 나는 너희들과 함께하지 않는 것이 없으니, 이것이 바로 내 본모습이다."

교육 강령

공자는 네 가지를 가르쳤다. 학문, 실천, 성실, 신의가 그것이다.

공자가 꺼려한 것들
子不語怪力亂神.

모두가 나의 스승
子曰, 三人行, 必有我師焉, 擇其善者而從之, 其不善者而改之.

인명 재천
子曰, 天生德於予, 桓魋其如予何.

진리는 사유물이 아니다
子曰, 二三子, 以我爲隱乎, 吾無隱乎爾, 吾無行而不與二三子者, 是丘也.

교육 강령
子以四敎, 文行忠信.

위선과 기만

공자가 말하였다.

"성인을 만나 볼 수 없으니 군자다운 사람이라도 만나 보았으면 좋겠다."

이어서 또 말하였다.

"선한 사람을 만나 볼 수 없으니 한결같은 마음을 가진 사람이라도 만나 보았으면 좋겠다. 없으면서도 있는 척, 비었으면서도 가득 찬 척, 가난하면서도 부자인 척하는 세상이니 한결같은 마음을 지니고 살기도 어려울 것이다."

작은 일도 정당하게

공자는 낚시질은 했지만 물고기를 그물로 한꺼번에 잡지는 않았다. 새 사냥을 할 때도 나는 새는 쏘았지만 둥지에 든 새는 쏘지 않았다.

연구와 창작

공자가 말하였다.

"세상에는 제대로 알지도 못하면서 새로운 것을 창작하는 사람이 많지만, 나는 그렇게 하지 않는다. 나는 많이 듣고 그 가운데 좋은 것을 선택하여 본받으며, 많이 보고 그 가운데 좋은 것을 마음에 새겨 둔다. 이것이 학문을 하는 최선의 방법은 아닐지라도 차

선의 길은 된다고 본다."

감싸 안는 교육

호향互鄕이라는 마을은 풍속이 고약해서 그 마을 사람들과는 말이 통하지 않았다. 그런데 어느 날 그 마을에 사는 한 소년이 공자를 만나러 왔다. 제자들이 매우 당혹스러워하자 공자가 말하였다.

"옳은 길로 나아가려 하는 사람은 받아들이고, 퇴보하는 사람과는 함께 하지 않으면 되는 것인데 그렇게 심하게 굴 필요가 있느냐? 사람이 몸과 마음을 깨끗이 하고 다가오면 그 깨끗함을 받아들이고, 과거의 잘못은 묻지 말도록 하자."

위선과 기만
子曰, 聖人吾不得而見之矣, 得見君子者, 斯可矣. 子曰, 善人吾不得而見之矣. 得見有恒者, 斯可矣. 亡而爲有, 虛而爲盈, 約而爲泰, 難乎有恒矣.

작은 일도 정당하게
子, 釣而不綱, 弋不射宿.

연구와 창작
子曰, 蓋有不知而作之者, 我無是也. 多聞, 擇其善者而從之, 多見而識之, 知之次也.

감싸 안는 교육
互鄕, 難與言, 童子見, 門人惑, 子曰, 與其進也, 不與其退也, 唯何甚. 人潔己以進, 與其潔也, 不保其往也.

네 마음에 달렸다

공자가 말하였다.

"인仁은 먼 곳에 있지 않다. 우리가 인을 실천하려고만 하면 곧 다가오는 것이다."

공자의 실수

진나라의 한 사법관이 공자에게 물었다.

"노나라 임금인 소공昭公은 예법을 잘 아는 분입니까?"

"그렇습니다. 예법을 잘 아십니다."

공자가 나간 뒤, 그 사법관은 공자의 제자 무마기巫馬期를 맞이하며 말했다.

"저는 그 동안 군자는 자기 편이라고 해서 두둔하지 않는다고 알고 있었습니다. 그런데 군자도 자기 나라 임금이라고 해서 편드는 경우가 있더군요. 같은 성을 가진 사람끼리는 결혼하지 않는 것이 예법인데, 노나라 임금은 자기와 성이 같은 오나라 공주를 아내로 맞았습니다. 게다가 그 부끄러운 일을 감추기 위해 그 공주의 성을 바꾸어 부르고 있지 않습니까? 이처럼 염치를 모르는 노나라 임금이 예법을 안다고 하면, 예법을 모르는 사람이 과연 어디 있을까요?"

무마기가 이 말을 전하자, 공자가 말하였다.

"나는 참 행복한 사람이다. 내가 잘못을 저지르면 남들이 그것을 곧바로 지적해 주는구나. 참 고마운 일이다."

음악을 즐김

공자는 다른 사람과 더불어 노래하다가 그 사람이 잘 부르면 반드시 다시 한 번 하라고 하고는 따라 불렀다.

실천에 주력함

공자가 말하였다.

"학문이야 내가 남보다 못할까마는, 군자의 도리를 실천하는 일에는 부족한 점이 많구나."

네 마음에 달렸다
子曰, 仁遠乎哉, 我欲仁, 斯仁至矣.

공자의 실수
陳司敗問昭公知禮乎, 孔子曰, 知禮. 孔子退, 揖巫馬期而進之, 曰, 吾聞君子不黨, 君子亦黨乎, 君取於吳, 爲同姓, 謂之吳孟子, 君而知禮, 孰不知禮. 巫馬期以告, 子曰, 丘也幸, 苟有過, 人必知之.

음악을 즐김
子與人歌而善, 必使反之, 而後和之.

실천에 주력함
子曰, 文莫吾猶人也, 躬行君子, 則吾未之有得.

위대한 교육자

공자가 말하였다.

"나더러 성인이나 완성된 인격자라고 한다면 결코 감당할 수 없다. 나는 단지 성인의 도를 배우는 일에 싫증내지 않고, 사람 가르치는 일을 게을리하지 않는다고 말할 수 있을 따름이다."

제자 공서화公西華가 말하였다.

"방금 말씀하신 두 가지도 저희들은 아직 본받지 못했습니다."

기도의 의미

공자의 병이 깊어지자, 제자 자로가 기도를 한번 드려 보자고 청하였다. 공자가 자로에게 물었다. "그런 선례가 있느냐?"

자로가 대답하였다. "선례가 있습니다. 뇌문誄文에 '너를 위해 하늘과 땅의 신께 기도한다.' 는 말이 있습니다."

공자가 말하였다. "나는 그런 기도를 드려 온 지 오래되었다."

*뇌문(誄文) 또는 뇌사(誄詞)는 죽은 사람을 추모하며 행적을 기록한 글이다.

검소한 생활

공자가 말하였다.

"사치를 일삼으면 겸손함을 잃게 되고, 지나치게 검소하면 고루해진다. 그러나 교만한 것보다는 차라리 고루한 것이 낫다."

편안한 마음

공자가 말하였다.

"군자는 언제나 마음이 여유롭고, 소인은 항상 걱정이 많다."

조화로운 성품

공자는 온화하면서도 엄숙했고, 위엄 있으면서도 무섭지 않았고, 공손하면서도 자연스러웠다.

위대한 교육자
子曰, 若聖與仁, 則吾豈敢, 抑爲之不厭, 誨人不倦, 則可謂云爾已矣. 公西華曰, 正唯弟子不能學也.

기도의 의미
子疾病, 子路請禱. 子曰, 有諸.子路對曰, 有之, 誄曰, 禱爾于上下神祇. 子曰, 丘之禱久矣.

검소한 생활
子曰, 奢則不孫, 儉則固, 與其不孫也, 寧固.

편안한 마음
子曰,君子坦蕩蕩, 小人長戚戚.

조화로운 성품
子溫而厲 , 威而不猛, 恭而安.

泰伯 태백

8 세상을 건너는 지혜

지극한 덕행

중국의 두 번째 왕조인 은나라 말기. 강성하던 은나라는 점점 쇠약해지고, 서쪽 지방의 제후국인 주나라가 날로 세력을 넓혀 갔다. 이때 주나라 임금은 태왕泰王이었다. 태왕은 은나라를 정벌하고 싶어했는데, 맏아들 태백泰伯은 아버지의 뜻을 따르지 않았다. 그러자 태왕은 셋째 아들인 계력季歷에게 임금 자리를 물려주고 싶어했다. 아버지의 마음을 눈치챈 태백은 둘째 동생을 설득하여 함께 먼 지방으로 숨어 버렸다. 이렇게 되자 태왕은 자연스럽게 셋째 아들 계력에게 왕위를 물려줄 수 있었다.

훗날 계력의 아들이 왕위에 올라 주나라의 세력을 크게 넓혔는데, 그가 바로 문왕文王이다. 문왕 때 주나라는 이미 천하의 3분의 2를 차지한다. 그리고 문왕의 아들 무왕武王은 마침내 은나라를 정벌하고 천하를 통일하였다. 공자는 주나라가 이런 대업을 이룩하는 데 보이지 않게 기여한 사람이 태백이라고 보았다.

공자가 말하였다.

"태백은 참으로 지극한 덕을 갖춘 사람이다. 임금 자리를 양보하는 미덕을 베풀면서도 워낙 드러내지 않았기 때문에 백성들은 그 사실조차 몰랐고, 그의 행동을 칭송하는 사람도 없었다."

절도 있는 실천

공자가 말하였다.

"공손하면서 절도가 없으면 바쁘기만 하고, 신중하면서 절도가 없으면 겁쟁이가 되고, 용감하면서 절도가 없으면 난폭해지고, 솔직하면서 절도가 없으면 야박해진다."

사랑과 의리

공자가 말하였다.

"지도자가 친척들을 잘 보살피면 백성들 사이에 사랑의 기풍이 일어나며, 지도자가 옛 친구를 잊지 않으면 민심이 각박해지지 않는다."

지극한 덕행
子曰, 泰伯其可謂至德也已矣, 三以天下讓, 民無得而稱焉.

절도 있는 실천
子曰, 恭而無禮則勞, 愼而無禮則葸, 勇而無禮則亂, 直而無禮則絞.

사랑과 의리
君子篤於親, 則民興於仁, 故舊不遺, 則民不偸.

효도의 첫걸음

증자曾子의 병이 위독해졌다. 어느 날 증자는 제자들을 모아 놓고 말하였다.

"이불을 걷고 내 손과 발을 펴서 몸에 상처가 있는지 한번 보아라. 『시경』에 '마치 깊은 연못가에 있듯, 살얼음을 밟듯 조심조심하라' 고 했는데, 나는 이제서야 마음을 놓을 수 있게 되었구나."

*『효경(孝經)』의 첫머리에 "우리 몸은 다 부모가 주신 것이다. 그러므로 몸을 다치지 않는 것이 효도의 시작이다"라는 공자의 말이 나온다. 증자는 이 가르침을 가슴 깊이 새겨두고 평생 실천한 셈이다.

마지막 교훈

증자가 위독해지자 노나라 대부인 맹경자孟敬子가 문병하였다. 증자가 그에게 말하였다.

"새가 죽을 때가 되면 구슬피 울고, 사람이 죽을 때가 되면 선한 말을 하는 법입니다. 지도자가 소중히 여겨야 할 것이 세 가지 있습니다. 몸가짐이 거칠거나 거만하지 않아야 하고, 정돈된 표정으로 믿음을 주어야 하며, 목소리와 말투를 순화하여 야비함과 경박함을 버려야 합니다. 그리고 그 밖의 사소한 일들은 담당 관리들에게 맡기면 됩니다."

내 친구 안회

증자가 말하였다.

“옛날 내 친구 하나가 이랬었지. 유능하면서도 무능한 사람에게 묻고, 아는 것이 많으면서도 부족한 사람에게 질문했지. 학식이 있으면서도 없는 듯하고, 꽉 찼으면서도 빈 듯하며, 누가 덤벼들어도 맞서서 잘잘못을 따지지 않았지.”

지조와 능력

증자가 말하였다.

“나이 어린 임금을 안심하고 맡길 수 있는 사람, 아무 걱정 없이 한 나라의 장래를 맡길 수 있는 사람, 절박한 위기 앞에서도 마음이 흔들리지 않는 사람. 이런 사람이야말로 진정한 지도자이다.”

효도의 첫걸음
曾子有疾, 召門弟子, 曰, 啓予足, 啓予手, 詩云, 戰戰兢兢, 如臨深淵, 如履薄冰, 而今而後, 吾知免夫, 小子.

마지막 교훈
曾子有疾, 孟敬子問之, 曾子言曰, 鳥之將死, 其鳴也哀, 人之將死, 其言也善, 君子所貴乎道者三, 動容貌, 斯遠暴慢矣, 正顔色, 斯近信矣, 出辭氣, 斯遠鄙倍矣, 籩豆之事, 則有司存.

내 친구 안회
曾子曰, 以能問於不能, 以多問於寡, 有若無, 實若虛, 犯而不校, 昔者吾友嘗從事於斯矣.

지조와 능력
曾子曰, 可以託六尺之孤, 可以寄百里之命, 臨大節而不可奪也. 君子人與, 君子人也.

지식인의 사명감

증자가 말하였다.

"선비는 마음이 넓고 굳세지 않으면 안 된다. 맡은 임무는 중대하고 갈 길은 멀기 때문이다. 진리의 실천이 자기 임무이니 어찌 막중하지 않겠는가. 그리고 그 임무는 죽은 뒤에야 끝나니 어찌 갈 길이 멀지 않겠는가."

인격 완성의 단계

공자가 말하였다.

"문학을 통해 선을 좋아하고 악을 미워하는 마음을 세우고, 규범을 통해 사회 생활의 질서를 익히며, 예술을 통해 풍부한 정서를 기른다."

현실적 한계

공자가 말하였다.

"백성들이 올바른 삶의 길을 따르도록 가르칠 수는 있지만, 백성들마다 그 이치를 깨닫도록 하기는 어렵다."

혼란의 싹

공자가 말하였다.

"용맹을 좋아하고 가난함을 싫어하는 사람은 사회 질서를 어지럽히기 쉽다. 그리고 남들이 양심적이지 못한 것을 극단적으로 미워해 사정없이 몰아세우면, 상대방이 난동을 일으키게 된다."

교만과 인색

공자가 말하였다.

"만약 누가 주공과 같이 뛰어난 재능을 가졌다 해도, 교만하고 인색하다면 더 이상 볼 것도 없다."

지식인의 사명감
曾子曰, 士不可以不弘毅, 任重而道遠, 仁以爲己任, 不亦重乎, 死而後已, 不亦遠乎.

인격 완성의 단계
子曰,興於詩, 立於禮, 成於樂.

현실적 한계
子曰, 民可使由之, 不可使知之.

혼란의 싹
子曰, 好勇疾貧, 亂也.人而不仁, 疾之已甚, 亂也.

교만과 인색
子曰, 如有周公之才之美, 使驕且吝, 其餘不足觀也已.

출세 지향

공자가 말하였다.

"3년 동안 공부하고도 관직을 꿈꾸지 않는 사람을 찾아보기 어렵구나."

군자의 처세법

공자가 말하였다.

"진리를 독실히 믿고 학문을 좋아하며, 목숨을 걸고 양심을 지켜라. 그리고 위태로운 나라에는 들어가지 말고, 혼란한 나라에서는 살지 말아라. 세상에 옳은 정치가 펼쳐지면 나아가 참여하고, 세상이 혼탁하면 들어가 숨어라. 정의로운 나라에서는 가난하고 비천한 것이 수치이고, 타락한 나라에서는 부유하고 권세 있는 것이 수치이다."

월권은 금물

공자가 말하였다.

"공직자는 자기 직분을 벗어나는 일에 끼어들지 말아야 한다."

아름다운 음악

지摯라는 사람이 노나라 악사樂師(음악을 관장하는 직책)로 있을 때, 모든 음악을 바르게 정리해 놓았다. 공자는 그 때 들었던 『시경

詩經』 '국풍國風'의 첫 번째 노래 '관저關雎'가 무척 마음에 들었던 모양이다.

공자가 말하였다.

"악사樂師 지摯가 초기에 연주했던 관저關雎 마지막 장은 귀를 가득 채울 만큼 아름답고 풍성했다네!"

구제 불능

공자가 말하였다.

"매사에 열정적이지만 마음이 바르지 않은 사람, 머리 속이 텅 비었으면서도 말과 행동을 조심하지 않는 사람, 무능력하면서 신의마저 없는 사람. 이런 사람들은 나도 어떻게 해 볼 방법이 없구나."

출세 지향

子曰, 三年學, 不至於穀, 不易得也.

군자의 처세법

子曰, 篤信好學, 守死善道. 危邦不入, 亂邦不居, 天下有道則見, 無道則隱. 邦有道, 貧且賤焉, 恥也. 邦無道, 富且貴焉, 恥也.

월권은 금물

子曰, 不在其位, 不謀其政.

아름다운 음악

子曰, 師摯之始, 關雎之亂, 洋洋乎盈耳哉.

구제 불능

子曰, 狂而不直,侗而不愿,悾悾而不信, 吾不知之矣.

자기와의 싸움

공자가 말하였다.

"공부하는 사람은 항상 자신을 채찍질해야 한다. 혹시 내가 충분히 이해하지 못한 것은 아닐까, 혹시 배운 것을 잊어버리지나 않을까 하는 마음으로 긴장을 늦추지 말아야 한다."

성인 군주

전통을 중요시한 공자는 중국 고대의 이상 군주들에 대해 자주 이야기하였다. 공자가 그리워한 태평성대는 요堯 · 순舜 · 우禹로 이어진 시대이다.

요임금은 여러 부족 간의 전쟁을 끝내고 평화로운 시대를 연 인물로 보인다. 유학 경전들에는 이 시대 사람들이 임금이 있는지 없는지조차 의식하지 못할 정도로 태평한 세월을 보냈다고 기록되어 있다. 그러나 황하 유역에서 농사를 지으며 살아가던 이들을 줄곧 괴롭힌 것은 홍수로 인한 강물의 범람이었다. 이 문제를 해결한 사람이 바로 순임금이다.

순은 요의 사위였는데, 홍수 피해를 막기 위해 둑을 쌓고 물길을 뚫는 등 헌신적으로 일한 끝에 왕위를 물려받는다. 순의 시대에는 옻칠을 발명하고 수준 높은 노래를 작곡하는 등 과학 기술과 문화가 발전하였다. 공자도 순임금의 음악을 높이 평가하였다.

순의 뒤를 이어 임금이 된 우는 치수 관개 사업을 더욱 발전시키는 한편, 농업 사회의 기반을 확고하게 다졌다. 사마천이 쓴 『사기史記』에는 우임금이 1년 내내 양손에 먹줄과 자를 들고 각지를 돌아다니며 농토를 개척하고, 물가에 둑을 쌓고, 산을 측량했다고 기록되어 있다. 공자는 물론이고, 공자의 사상을 강력히 비판한 묵자墨子도 근검하며 백성들과 함께 땀흘리는 우임금의 모습을 가장 모범적인 통치자 상으로 삼았다. 우임금은 중국 최초의 왕조인 하나라를 개국하였고, 부자 세습을 처음 시작하였다. 이후 중국 왕조는 은나라, 주나라로 이어지게 된다.

공자가 말하였다.

"위대하구나! 순임금과 우임금은 천하를 얻고도 그것을 마음에 두지 않았다."

자기와의 싸움
子曰, 學如不及, 猶恐失之.

성인 군주
子曰, 巍巍乎, 舜禹之有天下也而不與焉.

태평성대

공자가 말하였다.

"거룩하구나, 요임금의 공덕이여! 오직 하늘만이 이처럼 위대할 수 있는데 요임금이 그것을 본받았으니, 끝없이 넓고도 멀어서 백성들이 무어라 형용하지 못하는구나. 위대하다, 그가 이룬 사업이여! 빛나는 문화여!"

인재와 덕

요임금의 당唐나라에서 순임금의 우虞나라로 교체되던 시기에, 순임금의 다섯 신하가 활약했다고 한다. 다섯 신하는 우禹, 직稷, 설契, 고요皐陶, 백익伯益이다. 또 은나라를 정벌하고 주나라를 세운 무왕에게는 열 명의 훌륭한 신하가 있었다고 한다. 열 명의 신하는 주공단周公旦, 소공석召公奭, 태공망太公望, 필공畢公, 영공榮公, 태전太顚, 굉요閎夭, 산의생散宜生, 남궁괄南宮适, 무왕의 부인인 읍강邑姜이다. 공자는 이 같은 왕조 교체기의 인재들을 언급하면서 순임금, 문왕, 무왕 시대를 평하고 있다.

순임금은 신하 다섯 사람이 있어서 천하를 잘 다스렸고, 무왕은 "내게 열 명의 훌륭한 신하가 있다."고 하였다.

공자가 말하였다.

"인재를 얻기란 어렵다더니, 참으로 그렇지 않은가! 무왕의 시대는 당나라에서 우나라로 넘어가던 시기에 비해 인재가 풍부했지만, 그 가운데 한 사람은 부인이었으니 실제로는 아홉 명이었던 셈이다."

"주나라 문왕文王은 천하의 3분의 2를 가졌으면서도, 세력이 약한 은나라를 종주국으로 받들었다. 이 같은 주나라의 덕은 지극한 덕이라고 말할 수 있다."

모범적인 임금

공자가 말하였다.

"우임금은 흠잡을 데가 없다. 자신의 식사는 간소하게 하고 조상의 제사는 풍성하게 치렀으며, 평소 옷차림은 검소하고 제사 때의 예복은 화려했다. 게다가 자신은 허술한 집에 살면서 농민들을 위한 관개 사업에는 힘을 아끼지 않았다. 우임금은 정말 흠잡을 데가 없다."

태평성대
子曰, 大哉, 堯之爲君也, 巍巍乎, 唯天爲大, 唯堯則之, 蕩蕩乎, 民無能名焉. 巍巍乎, 其有成功也, 煥乎, 其有文章.

인재와 덕
舜有臣五人, 而天下治, 武王曰, 予有亂臣十八, 孔子曰, 才難, 不其然乎, 唐虞之際, 於斯爲盛, 有婦人焉, 九人而已. 三分天下有其二, 以服事殷, 周之德, 其可謂至德也已矣.

모범적인 임금
子曰, 禹吾無間然矣, 菲飮食而致孝乎鬼神, 惡衣服而致美乎黻冕, 卑宮室而盡力乎溝洫, 禹吾無間然矣.

子罕
자한

9 만인의 스승

이익보다 도덕

공자는 천명天命과 인仁에 대해서는 자주 이야기했지만, 이익에 대해서는 좀처럼 말하지 않았다.

사상가와 기술자

어떤 사람이 말하였다.

"위대하다, 공자여! 그러나 학문이 너무 폭넓어서 한 분야의 전문적인 성취를 이루지 못한 것이 안타깝구나."

공자가 그 말을 듣고 제자들에게 말하였다.

"그럼 나더러 무엇을 전문으로 하라는 말인가. 수레를 몰까, 활쏘기를 할까? 그래. 수레를 모는 게 낫겠구나."

변화와 명분

공자가 말하였다.

"가는 삼베 실로 짠 관을 쓰는 것이 예법에 맞지만, 요즘은 명주실로 만든 것을 쓴다. 이는 간편하고 검소하게 하려는 것이므로 나도 여러 사람이 하는 대로 따르겠다.

임금에게는 마루 아래서 절하는 것이 예의인데, 요즘 신하들은 마루 위에서 절한다. 이는 오만한 것이므로 나는 여러 사람을 따르지 않고 마루 아래서 절하겠다."

욕망과 집착

공자는 다음 네 가지를 절대로 하지 않았다.

첫째, 사사로운 뜻에 따라 일을 하거나 억측하는 것.

둘째, 이것은 꼭 해야 한다고 무리하는 것.

셋째, 쓸데없이 고집 피우는 것.

넷째, 자신을 내세우는 것.

공자의 기개

노나라를 비롯한 네 나라의 국경 지대에 광匡이라는 지방이 있었다. 일찍이 노나라 장수인 양호陽虎가 그 지방을 공략할 때 포악한 짓을 많이 저질렀다. 그런데 양호는 공교롭게도 공자와 매우 비슷

이익보다 도덕
子罕言利與命與仁.

사상가와 기술자
達巷黨人曰, 大哉, 孔子, 博學而無所成名. 子聞之, 謂門弟子曰, 吾何執, 執御乎, 執射乎, 吾執御矣.

변화와 명분
子曰, 麻冕, 禮也, 今也純, 儉, 吾從衆. 拜下禮也, 今拜乎上, 泰也, 雖違衆, 吾從下.

욕망과 집착
子絶四, 毋意, 毋必, 毋固, 毋我.

공자의 기개
子畏於匡, 曰, 文王旣沒, 文不在玆乎. 天之將喪斯文也, 後死者不得與於斯文也, 天之未喪斯文也, 匡人其如予何.

하게 생겼다.

공자 일행이 광 지방을 지나고 있었다. 그런데 공자를 양호로 오인한 그곳 사람들이 무기를 들고 몰려와 공자 일행을 포위했다. 이때 두려워하는 제자들에게 공자가 말하였다.

"문왕이 이미 세상을 떠났으니 그가 세운 문화를 계승할 책임이 내게 있지 않느냐. 하늘이 그 문화를 없애 버리려 한다면 내가 거기에 참여할 여지도 없겠지만, 하늘의 뜻이 그렇지 않다면 저 사람들이 나를 어떻게 할 수 있겠느냐?"

팔방 미인

재상 벼슬을 하는 사람이 자공에게 물었다.

"공자는 과연 성인이신가? 어찌면 그렇게 다재 다능하신가?"

"선생님은 하늘이 낸 분으로 거의 성인의 경지에 이르렀고, 또한 여러 가지 일에 능통하십니다."

이 말을 전해 들은 공자가 말하였다.

"그 재상이 나를 제대로 아는구나. 내가 젊었을 때 빈천한 생활을 했기 때문에 사소한 일에 능한 것이다. 그러나 군자는 결코 다재 다능할 필요가 없다."

그 뒤를 이어 제자 금뇌琴牢가 해설하였다.

"선생님께서 '내 일찍이 나라에서 써 주지 않은 까닭에 여러 가지 재주를 익히게 되었다' 고 하셨습니다."

겸손한 스승

공자가 말하였다.

"내가 뭐 아는 것이 있겠느냐? 아무 것도 알지 못한다. 나는 단지 무식한 사람이 찾아와서 하찮은 질문을 던져도 내가 가진 것을 온통 털어내 성의껏 가르칠 따름이다."

시대를 한탄함

공자가 말하였다.

"봉황鳳凰도 오지 않고 황하에서 하도河圖도 나오지 않으니, 나도 이제 끝인가 보다!"

*봉황, 하도는 태평성대가 올 것을 예고하는 상서로운 신호다. 그런 길조는 없이, 날로 무도하고 혼탁해지는 세상에 대한 공자의 탄식이 담겨 있다.

팔방 미인

大宰問於子貢曰, 夫子聖者與, 何其多能也. 子貢曰, 固天縱之將聖, 又多能也. 子聞之曰, 大宰知我乎, 吾少也賤, 故, 多能鄙事, 君子多乎哉, 不多也. 牢曰, 子云, 吾不試, 故, 藝.

겸손한 스승

子曰, 吾有知乎哉, 無知也, 有鄙夫問於我, 空空如也, 我叩其兩端而竭焉.

시대를 한탄함

子曰, 鳳鳥不在, 河不出圖, 吾已矣夫.

예의의 마음

공자는 상복 입은 사람, 관복 입은 사람, 눈먼 사람을 만나면 비록 그들이 젊어도 반드시 자리에서 일어났으며, 그들의 앞을 지날 때는 총총걸음을 하였다.

자유 자재한 성인

안회가 탄복하며 말하였다.

"아! 우리 선생님은 우러러볼수록 더욱 높아지고, 뚫고 들어갈수록 더욱 견고해진다. 또 앞에 계신 듯하여 바라보면 어느새 뒤에 와 계시다.

선생님은 차근차근 질서 있게 사람을 인도하여 주신다. 나의 지식을 학문으로 넓혀 주시고, 나의 행동을 예禮로 제약해 주셨다. 그러므로 공부를 그만두고 싶어도 그만둘 수 없어 최선을 다해 보았더니, 이제 무언가 앞에 우뚝 서 있는 것 같다. 그래서 그것을 따르려고 하지만 도저히 따라 갈 방법이 없구나!"

교육자의 긍지

공자의 병이 위독해지자, 자로는 제자들을 가신으로 삼아 대부의 예법으로 장례 치를 준비를 했다. 병이 좀 나은 공자가 이 사실을 알고 자로를 꾸짖었다.

"네가 거짓된 행동에 물들어 있구나. 가신이 없는데도 있는 것처럼 꾸몄으니 내가 누구를 속이란 말이냐? 하늘을 속이란 말이냐? 그리고 나는 가신보다는 제자들의 품에 안겨 죽고 싶다. 내가 죽은 뒤에 성대한 장례를 치르지야 못하겠지만, 제자들이 있는데 시체가 길가에 버려지기야 하겠느냐?"

나를 알아줄 사람

제자 자공이 공자에게 물었다.

"여기 진귀한 보석이 있다면 상자에 넣어 간직해야 합니까, 좋은 값을 받고 팔아야 합니까?"

"팔아야지, 팔아야 하고말고. 나는 좋은 값으로 팔리기를 기다리는 사람이다."

예의의 마음

子見齊衰者, 冕衣裳者, 與瞽者, 見之, 雖少, 必作, 過之, 必趨.

자유자재한 성인

顔淵喟然歎曰, 仰之彌高, 鑽之彌堅, 瞻之在前, 忽焉在後. 夫子循循然善誘人, 博我以文, 約我以禮. 欲罷, 不能, 旣竭吾才, 如有所立, 卓爾, 雖欲從之, 末由也已.

교육자의 긍지

子疾病, 子路使門人爲臣, 病間, 曰, 久矣哉, 由之行詐也, 無臣而爲有臣, 吾誰欺, 欺天乎. 且予與其死於臣之手也, 無寧死於二三子之手乎, 且予從縱不得大葬, 予死於道路乎.

나를 알아줄 사람

子貢曰, 有美玉於斯, 韞匵而藏諸, 求善賈而沽諸. 子曰, 沽之哉, 沽之哉, 我待賈者也.

이 난세를 어찌할까

세상 사람들이 자기의 가르침을 외면하는 데 지친 공자가 하루는 "아! 차라리 중국을 떠나 저 오랑캐의 땅에 가서 살고 싶구나." 하고 말하였다. 그러자 어떤 사람이 말하였다.

"그런 미개한 곳에서 어떻게 사시겠습니까?"

"아무리 미개하다 해도 군자가 가서 살면 자연히 교화될 텐데, 무슨 문제가 있겠는가?"

음악을 정비하다

만년에 노나라로 돌아온 공자는 교육에 전념하면서 나라의 음악을 정비하는 데도 힘을 기울였다. 그때의 음악은 크게 궁정 음악인 아雅와 종묘 음악인 송頌으로 분류되었다.

공자가 말하였다.

"내가 위나라에서 노나라로 돌아온 뒤에야 음악이 바로잡혀서 아와 송이 제자리를 찾게 되었다."

노력과 정성

공자가 말하였다.

"조정에 나가 군주와 대신들을 섬기는 일, 집에 들어와 어른들을 모시는 일, 상을 당하여 정성껏 장례를 치르는 일, 술 마시고 실수하지 않는 일. 이 네 가지 가운데 내가 제대로 실천한 것이 과연 있었을까?"

쉼 없는 운동

공자가 어느 날 시냇가에서 흘러가는 물을 바라보며 말하였다.

"자연의 운행이 이와 같구나. 밤낮으로 흘러 쉬는 일이 없구나!"

마치 애인처럼

공자가 말하였다.

"나는 아직 아름다운 여인을 좋아하듯 도덕을 사랑하는 사람을 보지 못했다."

이 난세를 어찌할까
子欲居九夷. 或曰, 陋, 如之何. 子曰, 君子居之, 何陋之有.

음악을 정비하다
子曰, 吾自衛反魯, 然後樂正, 雅頌各得其所.

노력과 정성
子曰, 出則事公卿, 入則事父兄, 喪事, 不敢不勉, 不爲酒困, 何有於我哉.

쉼 없는 운동
子在川上, 曰, 逝者如斯夫, 不舍晝夜.

마치 애인처럼
子曰, 吾未見好德如好色者也.

주체적인 자세

공자가 말하였다.

"학문이란 마치 산을 쌓는 일과 같다. 애써 노력하다가 한 삼태기의 흙만 더 부으면 완성될 시점에 그만두는 것도 내가 그만두는 것이며, 이제 평지에 한 삼태기의 흙을 부으며 시작하는 것도 내가 시작하는 것이다."

정열적인 실천

공자가 말하였다.

"내가 말해 준 것을 부지런히 실천하는 사람은 안회 한 사람뿐이구나."

쉼 없는 정진

공자가 죽은 안회에 대해 말하였다.

"애석하구나! 나는 그가 전진하는 것만 보았을 뿐, 멈추어 있는 것은 보지 못했다."

안회를 잃은 안타까움

공자가 말하였다.

"싹이 났지만 꽃을 피우지 못하는 것도 있구나! 꽃은 피었지만 열매를 맺지 못하는 것도 있구나!"

젊음의 가능성

공자가 말하였다.

"후배들이 두렵구나. 저들이 장차 우리보다 못하리라고 누가 장담할 수 있을까? 그러나 40살, 50살이 되어서도 명망을 얻지 못하는 사람이라면 두려워할 필요가 없겠지."

*후생가외(後生可畏)라는 말이 여기서 나왔다.

주체적인 자세
子曰, 譬如爲山, 未成一簣, 止, 吾止也, 譬如平地, 雖覆一簣, 進, 吾往也.

정열적인 실천
子曰, 語之而不惰者, 其回也與.

쉼 없는 정진
子謂顔淵曰, 惜乎, 吾見其進也, 未見其止也.

안회를 잃은 안타까움
子曰, 苗而不秀者, 有矣夫, 秀而不實者, 有矣夫.

젊음의 가능성
子曰, 後生可畏, 焉知來者之不如今也, 四十五十而無聞焉, 斯亦不足畏也已.

각성과 실천

공자가 말하였다.

"옳은 말로 깨우쳐 주면 물론 받아들여야 한다. 하지만 그저 수긍하는 것보다는 잘못을 깨달아 고치는 것이 중요하다. 또 감정을 상하지 않도록 부드러운 말로 타이르면 누구든지 기뻐할 것이다. 하지만 그저 기뻐하는 것보다는 그 말뜻을 잘 새겨 보는 것이 중요하다. 만약 가르침을 기뻐하기만 할 뿐 말뜻을 새겨 보지 않고, 충고를 받아들이기만 할 뿐 잘못을 고치지 않는 사람이라면 나도 어찌할 방법이 없다."

군자의 덕목

공자가 말하였다.

"성실과 신의를 가장 중요시하고, 자기보다 도덕적으로 부족한 사람을 친구로 삼지 말며, 자신에게 잘못이 있을 때는 곧바로 고쳐야 한다."

목숨보다 강한 것

공자가 말하였다.

"대군을 지휘하는 장수를 빼앗아 올 수는 있다. 그러나 아무리 하찮은 사람이라 해도 그 사람의 뜻은 빼앗을 수 없다."

가난과 당당함

공자가 말하였다.

"해진 무명 두루마기를 입은 채 여우 가죽으로 만든 털옷을 입은 사람과 나란히 서 있으면서도 부끄러워하지 않을 사람은 바로 중유이다. 『시경』에 '남을 시기하지도, 남의 재물을 탐내지도 않으니 어찌 선하다 하지 않으리오' 라는 구절이 있는데, 바로 중유를 두고 한 말인 것 같구나."

자로는 공자의 칭찬을 들은 후 언제나 이 시구를 암송하였다. 그러자 공자는 자로가 자만에 빠질 것을 경계하여 한마디하였다.

"그것만으로 만족해서는 안 된다. 그 시구는 아직 소극적인 선善의 단계에 머물러 있을 뿐이므로 좀더 적극적으로 선을 실천해

각성과 실천
子曰, 法語之言, 能無從乎, 改之爲貴, 巽與之言, 能無說乎, 繹之爲貴. 說而不繹, 從而不改, 吾末如之何也已矣.

군자의 덕목
子曰, 主忠信, 毋友不如己者, 過則勿憚改.

목숨보다 강한 것
子曰, 三軍可奪帥也, 匹夫不可奪志也.

가난과 당당함
子曰, 衣敝縕袍, 與衣狐貉者立而不恥者, 其由也與, 不忮不求, 何用不藏. 子路終身誦之, 子曰, 是道也, 何足以臧.

야만 한다."

*중유(仲由) : 자로의 이름.

사람의 진가

공자가 말하였다.

"추운 겨울이 온 뒤라야 소나무와 잣나무가 더디 시드는 것을 알게 된다."

지혜 · 양심 · 용기

공자가 말하였다.

"지혜로운 사람은 혼란에 빠지지 않고, 양심적인 사람은 근심하지 않고, 용기 있는 사람은 두려워하지 않는다."

진리의 계단

공자가 말하였다.

"함께 학문을 할 사람은 구할 수 있지만, 함께 도덕의 길로 나아갈 사람은 구하기 어렵다. 함께 도덕의 길로 나아갈 사람을 얻는다 해도, 깊은 깨달음을 통해 확고한 도덕적 신념을 공유할 사람은 구하기 어렵다. 만일 도덕적 신념을 공유할 사람을 찾는다 해도, 그 신념을 삶 속에서 자유 자재로 실행할 수 있는 사람을 구하기란 정말 쉽지 않다."

마음의 깊이

산아가위 꽃

나풀나풀 춤추네

님이 그립지 않을 리 없건만

집이 머니 어떡할까

공자가 이 시를 읽고 나서 말하였다.

"실제로는 그리워하지 않는 것이다. 진정으로 그리워한다면 거리가 먼 것이 무슨 문제일까?"

사람의 진가
子曰, 歲寒然後, 知松柏之後彫也.

지혜 · 양심 · 용기
子曰, 知者不惑, 仁者不憂, 勇者不懼.

진리의 계단
子曰, 可與共學, 未可與適道, 可與適道, 未可與立, 可與立, 未可與權.

마음의 깊이
唐棣之華, 偏其反而, 豈不爾思, 室是遠而. 子曰, 未之思也, 夫何遠之有.

鄕黨 향당

10 공자라는 사람

공사의 구분

공자가 마을에 머물 때는 과묵하고 공손하여 마치 말을 할 줄 모르는 사람 같았다. 종묘나 조정에 나가서는 분명하고 조리 있게 주장을 펴면서도 언제나 온화함과 신중함을 잃지 않았다.

신분의 구분

공자가 조정에 나갔을 때의 모습은 이러했다. 아직 임금이 나오지 않고 신하들끼리 있을 때, 지위가 낮은 대부와 대화할 경우에는 강직한 태도를 보였고, 지위가 높은 대부와 대화할 경우에는 온화한 빛을 띠면서도 의견을 분명히 하였다. 그리고 임금이 조정에 나와 있을 때는 지극히 정중한 태도를 취하면서도 여유를 잃지 않았다.

국빈을 접대할 때

공자는 임금이 외국 사신 접대를 맡기면 표정을 엄숙하게 하고, 발걸음을 빨리 하였다. 대문 밖에 나아가 사신 일행을 맞이하며 인사할 때에는 손을 좌우로 하였는데, 옷의 앞뒤가 단정하였다. 임금과 손님의 거동을 따라 총총걸음으로 걸어 나갈 때는 마치 새가 날개를 편 듯하였다. 사신이 일을 마치고 물러갈 때에는 대문 밖에서 전송하고 돌아와서 반드시 임금에게 보고하였다.

"손님께서 만족하여 돌아보지 않고 가셨습니다."

입궐했을 때

공자는 대궐 문에 들어설 때에 허리를 굽혀서, 마치 문이 좁아서 들어가기에 넉넉하지 못한 것처럼 하였다. 문 한가운데에 서지 않았고, 다닐 때에는 문지방을 밟지 않았다. 임금의 자리 앞을 지날 때에는 얼굴빛을 바로잡고 발걸음을 조심하였으며, 말은 마치 말을 잘 못하는 사람처럼 하였다. 옷자락을 잡고 당堂에 오를 때에는 몸을 움츠려 굽혔고, 숨소리 죽이기를 마치 숨을 멈춘 사람처럼 하였다.

나와서 한 계단을 내려서면, 긴장된 낯빛을 풀고 편안하고 기쁜 표정을 지었다. 계단을 다 내려와서는 걸음을 빨리 하였는데, 몸가짐이 마치 새가 날개를 편 듯 단정하였다. 자신의 자리로 돌아와서는 공손한 태도를 취하였다.

공사의 구분
孔子於鄕黨, 恂恂如也, 似不能言者, 其在宗廟朝廷, 便便言, 唯謹爾.

신분의 구분
朝, 與下大夫言, 侃侃如也, 與上大夫言, 誾誾如也, 君在, 踧踖如也, 與與如也.

국빈을 접대할 때
君召使擯, 色勃如也, 足躩如也, 揖所與立, 左右手, 衣前後襜如也, 趨進, 翼如也, 賓退, 必復命曰賓不顧矣.

입궐했을 때
入公門, 鞠躬如也, 如不容, 立不中門, 行不履閾, 過位, 色勃如也, 足躩如也, 其言似不足者. 攝齊升堂, 鞠躬如也, 屛氣似不息者. 出降一等, 逞顔色, 怡怡如也, 沒階趨進, 翼如也, 復其位, 踧踖如也.

사신으로 갔을 때

공자는 규圭를 잡을 때에는 마치 그 무게를 못 이기는 듯이 공손하게 몸을 굽혔다. 규의 위치는 위로는 읍揖할 때 두 손을 마주잡는 위치와 같게 하였고, 아래로는 남에게 물건을 줄 때 손을 내리는 위치와 같게 하였다. 얼굴빛은 근엄하다 못해 두려워하는 듯하였고, 매우 조심스럽게 총총걸음을 하였다.

제후에게 예물을 바칠 때에는 밝은 표정을 하였고, 사적으로 사람들과 예물을 주고받으며 인사할 때에는 더욱 온화하고 즐거운 기색을 띠었다.

*공자가 외국에 사신으로 갔을 때의 행동거지를 기록한 내용이다. 처음에 왕의 신표인 규(圭)를 바치는 것부터 왕에게 예물을 바칠 때, 개인적으로 사람들과 사교할 때의 모습이 묘사되어 있다. 예의 공적으로는 매우 엄숙하고 개인적으로는 부드러운 공자의 모습이다. 규는 장신용 옥의 일종으로 무거운 물건은 아니지만, 왕을 상징하는 것이므로 마치 무거운 물건을 다루듯이 조심스레 행동한 것이다.

공자의 옷차림

공자는 상복 색깔인 보라색, 주홍색의 옷깃을 달지 않았다. 또 여자 옷 색깔에 가까운 분홍색, 자주색으로는 평상복을 만들어 입지 않았다.

더운 계절에는 홑옷으로 된 고운 갈포옷이나 굵은 갈포옷을 입었는데, 살이 비치지 않도록 반드시 옷을 겹쳐 입었다. 가죽으로 된 겉옷을 입는 계절에는 반드시 색깔을 맞추어 입었다. 검은 옷에는 검은 양털 가죽으로 만든 옷을 입었고, 흰 옷에는 새끼 사슴의 털가죽으로 만든 흰옷을 입었으며, 누런 옷에는 여우 가죽으로 된 겉옷을 입었다. 평상시에 입는 옷은 길게 하였는데, 손을 쓰기 편하도록 오른쪽 소매는 짧게 하였다. 잠을 잘 때는 반드시 잠옷을 입었는데, 그 길이는 키의 한 배 반 정도 되었다.

집에서는 여우와 담비의 털가죽을 두툼하게 깔고 지냈고, 상喪을 치를 때가 아니면 장식물을 즐겨 착용하였다. 조복朝服이나 제복祭服이 아니면 폭을 줄여서 간편하게 입었으며, 풍습에 따라 검은 가죽옷이나 검은 관을 쓰고는 조문하지 않았다. 매달 초하루면 빠짐없이 조복朝服을 입고 조회에 참석하였다.

목욕 재계

공자는 제사를 앞두고는 목욕한 후 깨끗한 베옷으로 갈아입었다. 그리고 술과 고기, 고추 · 파 · 마늘같이 냄새나는 음식을 먹지

사신으로 갔을 때

執圭, 鞠躬如也, 如不勝, 上如揖, 下如授, 勃如戰色, 足蹜蹜如有循, 享禮, 有容色, 私覿, 愉愉如也.

공자의 옷차림

君子不以紺緅飾, 紅紫不以爲褻服. 當暑袗絺綌, 必表而出之. 緇衣羔裘, 素衣麑裘, 黃衣狐裘. 褻裘長, 短右袂. 必有寢衣, 長一身有半. 狐貉之厚以居. 去喪無所不佩. 非帷裳必殺之. 羔裘玄冠, 不以弔. 吉月必朝服而朝.

목욕 재계

濟必有明衣, 布. 齊必變食, 居必遷坐.

않았으며, 거처도 별실로 옮기었다.

식사 습관

공자는 흰 쌀밥과 가늘게 썬 회를 좋아하였다. 쉬거나 맛이 변한 밥, 상한 생선이나 고기, 빛깔이 변한 것, 냄새가 나쁜 것은 먹지 않았다. 잘 익히지 않은 음식이나 덜 익은 과일, 반듯하게 자르지 않았거나 간이 맞지 않는 음식도 먹지 않았다.

고기를 밥보다 많이 먹지 않았고, 술은 일정한 양이 없었지만 취하도록 마시지는 않았다. 시장에서 파는 술이나 말린 고기는 먹지 않았고, 생강을 매일 조금씩 먹었다.

종묘에서 제사 지낸 후 임금이 내린 고기는 그날 중으로 나누어 먹었다. 집안 제사에 쓴 고기는 사흘 안에 나누어 먹었고, 만일 사흘이 지나면 입에 대지 않았다.

식사를 할 때나 잠자리에 들었을 때는 말을 하지 않았다. 비록 거친 밥 한 그릇, 나물국 한 그릇을 먹더라도 반드시 정성스레 감사의 표시를 하였다.

철저한 사람

공자는 자리가 정돈되어 있지 않으면 앉지 않았다.

마을에서

공자는 마을 사람들과 술을 마실 때, 노인들이 자리를 떠야 비로소 자리를 떴다. 마을 사람들이 역귀疫鬼를 쫓는 나례儺禮를 행할 때는, 마치 조정에 나가듯이 예복을 갖추어 입고 행사에 참석하여 동쪽 섬돌에 엄숙하게 서 있었다.

마치 눈앞에 있는 것처럼

공자는 다른 나라에 문안하러 사람을 보낼 때면 두 번 절하고 보냈다. 계강자가 약을 보내왔을 때에는 절하고 받으면서 이렇게 말하였다. "제가 잘 알지 못하기 때문에, 감히 맛보지는 못하겠습니다."

식사 습관
食不厭精, 膾不厭細, 食饐而餲, 魚餒而肉敗, 不食. 色惡, 不食, 臭惡, 不食, 失飪不食, 不時, 不食, 割不正, 不 食, 不得其醬, 不食, 肉雖多, 不使勝食氣, 唯酒無量, 不及亂, 沽酒, 市脯, 不食, 不撤薑食. 不多食. 祭於公. 不宿肉, 祭肉, 不出三日, 出三日, 不食之矣. 食不語. 寢不言, 雖疏食菜羹, 瓜祭, 必齊如也.

철저한 사람
席不正, 不坐.

마을에서
鄕人飮酒, 杖者出, 斯出矣, 鄕人儺, 朝服而立於阼階.

마치 눈앞에 있는 것처럼
問人於他邦, 再拜而送之. 康子饋藥, 拜而受之日, 丘未達, 不敢嘗.

불가피한 차별

공자의 집 마구간에 불이 난 적이 있었다. 조정에서 돌아온 공자는 "사람이 다치지 않았는가?" 하고는 말에 대해서는 묻지 않았다.

임금을 섬기는 마음

공자는 임금이 음식을 내려 주면 반드시 자리를 바르게 한 다음 먼저 맛을 보았다. 임금이 날고기를 내려주면 반드시 익혀서 조상에게 먼저 올렸으며, 임금이 산 것을 내려주면 반드시 길렀다.

공자는 임금이 부르면 수레에 멍에 얹는 것을 기다리지 않고 먼저 출발하였다.

극도의 신중함

공자는 태묘太廟에 들어가서는 하는 일마다 물었다.

*태묘는 노나라에서 주공을 모시기 위해 세운 묘이다. 가뜩이나 아는 길도 물어서 가는 공자가 주공의 일이라서 더 더욱 신중하고 예의 바른 태도를 보인 것 같다.

공자의 우정

공자의 친구가 죽었는데 장례를 치러 줄 가족이나 친척이 없었다. 공자가 말하였다.

"내 집에 빈소를 차려라."

공자는 친구가 선물을 보내 왔을 때, 제사에 쓸 고기라면 받았으나 수레나 말같이 귀한 것은 받지 않았다.

평소의 행동

공자는 잠잘 때도 죽은 사람처럼 사지를 마구 늘어뜨리지 않았다.

집에 있을 때는 엄숙한 표정을 짓지 않았다.

길에서 상복 입은 사람을 만나면 비록 친한 사이라도 애도하는 표정을 지었다. 높은 관직에 있는 사람이나 눈먼 사람을 만나면 비록 친한 사이라도 반드시 예의를 갖추었다.

수레를 타고 가다가도 상복 입은 사람을 만나면 머리를 숙여 애도를 표하였다. 또 나라의 지도와 백성의 호적을 지고 가는 사람에게도 머리 숙여 경의를 표하였다.

불가피한 차별
廏焚, 子退朝, 曰, 傷人乎, 不問馬.

임금을 섬기는 마음
君賜食, 必正席先嘗之, 君賜腥, 必熟而薦之, 君賜生, 必畜之. 君命召, 不俟駕行矣.

극도의 신중함
入太廟, 每事問.

공자의 우정
朋友死, 無所歸, 曰, 於我殯. 朋友之饋, 雖車馬, 非祭肉, 不拜.

평소의 행동
寢不尸, 居不容. 見齊衰者, 雖狎, 必變, 見冕者與瞽者, 雖褻, 必以貌, 凶服者, 式之, 式負版者. 有盛饌, 必變色而作. 迅雷風烈. 必變.

남의 집에 초대받아 갔을 때 융숭한 음식이 나오면 반드시 일어나 주인에게 사례하였다.

천둥 번개나 강한 바람이 몰아치면 안색을 바꾸어 대자연의 위력에 경의를 표하였다.

안전하고 정숙하게

공자는 수레를 탈 때 고삐끈을 꼭 잡고 침착하게 올라갔다. 수레 안에서는 여기저기 두리번거리거나 큰 소리로 이야기하지 않았고, 손가락으로 이것저것 가리키지도 않았다.

제자들과 함께

"새들이 놀라서 날아올랐다가 날개치며 다시 모여드는구나."

이를 보고 공자가 말하였다.

"산기슭 다리 밑에서 노니는 암꿩들아, 너희들이 제철을 만났구나, 제철을 만났구나!"

그때 스승의 감정에 호응한 자로가 두 팔을 벌리고 앞으로 나아가자, 꿩들이 마치 냄새를 맡듯 서너 번 고개를 추스르고는 날아가 버렸다.

*문장이 불충분하여, 학자들이 반드시 빠진 부분이 있을 것이라고 추정하는 대목이다. 아마도 공자와 제자들이 야외에서 학문을 토론하거나 한담을 나누고 있었던 것 같다. 첫 문장은 그 때의 장면을 제자들이 시처럼 읊은 것으로 보인다.

안전하고 정숙하게
升車, 必正立執綏. 車中, 不內顧, 不疾言, 不親指.

제자들과 함께
色斯擧矣, 翔而後集, 曰, 山梁雌雉, 時哉, 時哉, 子路共之, 三嗅而作.

先進 선진

11 스승과 제자

문화 예술의 본질

공자가 말하였다.

"옛 선배들의 문화와 예술에 대한 태도는 소박하고 진실하였다. 그런데 요즘 후배들은 교양 있고 화려한 것을 좋아한다. 나더러 이 가운데 하나를 택하라고 하면, 형식적이고 세련된 것보다는 인간의 순수한 감정에 충실한 선배들의 태도를 따를 것이다."

추억 속의 제자들

공자가 말하였다.

"일찍이 나를 따라 진나라, 채나라에 가서 고난을 겪었던 제자들이 지금은 모두 내 곁을 떠났구나. 관직에 나가거나 고향으로 돌아가거나 혹은 죽기도 해 다들 내 문하에 없구나."

공자가 말한 제자들 가운데 덕행이 뛰어난 사람은 안회 · 민자건 · 염백우 · 중궁이었고, 말솜씨가 뛰어난 사람은 재아와 자공, 정치에 뛰어난 사람은 염유와 자로, 문학에 능통한 사람은 자유와 자하였다.

*공자와 제자들이 진나라, 채나라에서 어려움을 겪은 일은 15장에 나온다.

역설적인 칭찬

공자가 말하였다.

"안회는 나에게 도움이 되는 사람이 아니었다. 질문을 통해 내가 미처 생각하지 못한 점을 깨우쳐 준 적이 없다. 그는 내 말을 들으면 마음으로 이해하여 기뻐할 뿐이었다."

누구나 인정함

공자가 말하였다.

"민자건이야말로 진정한 효자이다. 부모 형제가 그의 지극한 효성을 칭찬하는 데 아무도 이의를 달지 않는구나."

틀림없는 사람

공자는 제자 남용이 날마다 『시경』의 다음 구절을 반복해서 읽는 것을 보고는 형의 딸을 그에게 시집 보냈다.

"백옥의 티는 갈아 내면 되지만, 한번 뱉은 말은 돌이킬 수 없네."

문화 예술의 본질
子曰, 先進於禮樂, 野人也, 後進於禮樂, 君子也, 如用之, 則吾從先進.

추억 속의 제자들
子曰, 從我於陳蔡者, 皆不及門也. 德行, 顏淵閔子騫冉伯牛仲弓, 言語, 宰我子貢, 政事, 冉有季路, 文學, 子游子夏.

역설적인 칭찬
子曰, 回也, 非助我者也, 於吾言, 無所不說.

누구나 인정함
子曰, 孝哉, 閔子騫, 人不間於其父母昆弟之言.

틀림없는 사람
南容三復白圭, 孔子以其兄之子妻之.

잊지 못할 제자

노나라 대부인 계강자가 공자에게 물었다.

"선생님의 제자들 가운데 누가 학문을 좋아합니까?"

"안회라는 사람이 학문을 좋아했는데 불행히도 명이 짧아 죽었습니다. 그 사람 말고는 학문을 좋아하는 제자가 없습니다."

자식 사랑과 신분 질서

안회가 죽자, 그의 아버지 안로顔路가 공자에게 수레를 팔아서 자기 자식의 곽(槨, 덧관)을 만들어 줄 수 없겠느냐고 청하였다. 그러자 공자가 말하였다.

"재능이 있건 없건 다 같은 자식이고, 부모는 자기 자식을 위주로 말하게 마련이지. 그런데 내 아들 리鯉가 죽었을 때도 관만 했을 뿐 곽은 만들어 주지 않았네. 내가 수레를 팔아 자식의 곽을 마련해 주고 걸어 다닐 수도 있었겠지. 하지만 그렇게 하지 않은 것은, 내가 대부의 신분인지라 걸어 다닐 수는 없었기 때문이라네."

*안회의 아버지 안로도 역시 공자의 제자였다. 공자의 아들은 이름이 리(鯉), 자가 백어(伯魚)였다.

후계자를 잃은 슬픔

안회가 죽자 공자는 슬피 울며 탄식하였다.

"아아, 하늘이 나를 버리는구나. 하늘이 나를 버리는구나!"

사제의 정

안회가 죽자 공자는 통곡을 그치지 않았다. 그 모습을 보다 못한 제자가 말렸다.

"선생님, 너무 슬퍼하지 마십시오."

"너무 슬퍼하지 말라고? 내가 이 사람을 위해 울지 않고 누구를 위해 울겠느냐?"

아들 같은 제자

제자들이 안회의 장례를 성대히 치르고 싶어했으나 공자는 허락하지 않았다. 하지만 제자들은 극구 스승의 뜻을 어기고 장례를 성대하게 치렀다.

공자가 제자들을 질책했다.

잊지 못할 제자
季康子問, 弟子孰爲好學, 孔子對曰, 有顔回者, 好學, 不幸短命死矣, 今也則亡.

자식 사랑과 신분 질서
顔淵死, 顔路請子之車以爲之槨, 子曰, 才不才, 亦各言其子也. 鯉也死, 有棺而無槨. 吾不徒行以爲之槨, 以吾從大夫之後, 不可徒行也.

후계자를 잃은 슬픔
顔淵死, 子曰, 噫, 天喪予, 天喪予.

사제의 정
顔淵死, 子哭之慟, 從者曰, 子慟矣, 曰, 有慟乎, 非夫人之爲慟, 而誰爲.

아들 같은 제자
顔淵死, 門人欲厚葬之, 子曰, 不可. 門人厚葬之, 子曰, 回也視予猶父也, 予不得視猶子也, 非我也, 夫二三子也.

"안회는 나를 아버지처럼 생각했는데 나는 그를 아들같이 대하지 못하고 말았다. 아들의 장례를 성대하게 치르는 사람이 어디 있단 말이냐? 이게 다 너희들 때문이다."

인본주의 · 현세주의

자로가 공자에게 물었다.

"귀신은 어떻게 섬겨야 합니까?"

"사람도 잘 섬기지 못하면서 어찌 귀신을 섬기려고 하느냐?"

자로가 다시 물었다.

"죽음이란 무엇입니까?"

"삶도 아직 다 모르면서 어찌 죽음을 알려고 하느냐?"

*고대인들의 주된 관심은 자연이나 신에 있었다. 그러나 공자는 사람의 삶을 문제의 중심으로 올려 놓았다. 이 점에서 공자는 '너 자신을 알라'는 유명한 말을 던짐으로써 서양 고대 철학의 핵심을 자연에서 인간으로 바꾸어 놓은 소크라테스와 비교되기도 한다.

스승의 마음

공자를 모시고 있을 때 민자건은 온화하고 공손하였고, 자로는 씩씩하였고, 염유와 자공은 즐거운 모습이었다. 공자는 이들과 함께 있으면 참으로 행복해 보였다. 그러나 자로에 대해서만은 걱정하였다.

"중유는 너무 강경해서 제 명에 죽지 못할 것만 같구나."

*자로는 결국 위나라의 관직에 있을 때 반란군의 칼에 맞아 목숨을 잃는다.

예산 낭비

노나라 정부에서 국고國庫를 다시 지으려고 하자, 민자건이 비판했다.

"그대로 두어도 아무 문제 없는 것을 왜 공연히 고쳐 짓는단 말인가?"

공자가 이 말을 전해 듣고 칭찬했다.

"그 사람은 좀처럼 말이 없지만, 한번 말을 하면 반드시 사리에 맞는구나."

예술과 인품

자로가 연주하는 거문고 소리는 거칠고 급했다. 어느 날 공자가 여러 제자들 앞에서 자로에게 면박을 주었다.

"누가 내 집에서 그따위 천박한 소리를 내느냐!"

이 일이 있은 뒤, 다른 제자들이 자로를 우습게 보기 시작했다.

인본주의 · 현세주의
季路問事鬼神, 子曰, 未能事人, 焉能事鬼, 敢問死, 曰, 未知生, 焉知死.

스승의 마음
閔子侍側, 誾誾如也, 子路, 行行如也, 冉有子貢, 侃侃如也, 子樂. 若由也, 不得其死然.

예산 낭비
魯人爲長府, 閔子騫曰, 仍舊貫, 如之何, 何必改作. 子曰, 夫人不言, 言必有中.

예술과 인품
子曰, 由之瑟, 奚爲於丘之門, 門人不敬子路, 子曰, 由也, 升堂矣, 未入於室也.

그 사실을 눈치챈 공자가 제자들을 타일렀다.

"너희들 그러지 말아라. 중유의 학문은 이미 마루 위까지 올라왔지만 아직 방에 들어오지 못했을 뿐이다. 너희들이 우습게 볼 상대가 아니다."

중용의 사상

자공이 공자에게 물었다.

"사와 상 가운데 누가 더 뛰어납니까?"

"사는 지나치고, 상은 미치지 못한다."

"그럼 사가 더 뛰어납니까?"

"아니다. 지나친 것은 미치지 못하는 것과 같다."

*사(師)는 자장의 이름이고, 상(商)은 자하의 이름이다.

파문

노나라 대부 계손씨는 왕족보다도 호화로운 생활을 하였다. 그런데 계손씨의 가신으로 있는 염구冉求는 백성들을 가혹하게 수탈해서 그를 더 부유하게 만들었다.

공자가 말하였다.

"염구는 이제 내 제자가 아니다. 북을 울려 그의 죄악을 성토해도 좋다."

제자들의 단점

공자가 말하였다.

"자고는 융통성이 없고, 증자는 민첩하지 못하다. 자장은 성실하지 못하고, 자로는 우아하지 못하다."

*자고(子羔) : 공자의 제자. 본래 이름은 고시(高柴)이다.

진리와 돈

공자가 말하였다.

"안회는 성인의 도에 가장 가까웠다. 그는 자주 쌀독이 비었지만 항상 태연하였다. 반면 자공은 천명을 따르지 않고 재산 늘리기에 골몰했는데, 워낙 현명해서 그의 판단은 늘 적중하였다."

중용의 사상
子貢問, 師與商也孰賢, 子曰, 師也, 過, 商也, 不及, 曰, 然則師愈與, 子曰, 過猶不及.

파문
季氏富於周公, 而求也爲之聚斂而附益之, 子曰, 非吾徒也, 小子, 鳴鼓而攻之可也.

제자들의 단점
柴也愚, 參也魯, 師也辟, 由也喭.

진리와 돈
子曰, 回也, 其庶乎, 屢空. 賜, 不受命, 而貨殖焉, 億則屢中.

교육의 필요성

자장이 공자에게 물었다.

"타고난 성품이 착하지만 옛 성현의 가르침을 배우지 않은 사람은 어떻습니까?"

"그런 사람은 나쁜 짓은 하지 않겠지만, 성인의 경지에 이르기는 어렵다."

위선자를 경계함

공자가 말하였다.

"말하는 것만 보고는 그 사람이 진실한 군자인지, 겉으로만 그럴듯하게 꾸민 사람인지 분간하기 어렵다."

정답이란 없다

자로가 공자에게 물었다.

"옳은 말을 들으면 곧바로 실행해야 합니까?"

"아니다. 먼저 집안 어른들과 상의한 후에 행동으로 옮겨야 한다."

염구도 같은 질문을 했는데, 공자의 대답이 달랐다.

"그렇고말고. 옳은 말을 들으면 곧바로 실행해야지."

그러자 공서화가 의아해 하며 물었다.

"선생님, 왜 똑같은 질문에 서로 다르게 대답하셨나요?"

"염구는 항상 소극적이므로 분발시킨 것이고, 자로는 항상 저돌적이므로 억제시킨 것이다."

제자의 마음

공자 일행이 광匡 지방에서 위기에 처했을 때, 안회가 뒤에 처졌다가 행방 불명이 되었다. 얼마 후 안회가 무사히 따라온 것을 본 공자가 기뻐하며 말하였다.

"난 네가 죽은 줄로만 알았구나."

안회가 말하였다.

"선생님이 살아 계신데, 제가 어떻게 감히 죽을 수 있겠습니까?"

*공자가 생명의 위협을 받은 이 사건은 9장에 나온다.

교육의 필요성
子張問善人之道, 子曰, 不踐迹, 亦不入於室.

위선자를 경계함
子曰, 論篤, 是與, 君子者乎, 色莊者乎.

정답이란 없다
子路問, 聞斯行諸, 子曰, 有父兄在, 如之何其聞斯行之. 冉有問, 聞斯行諸, 子曰, 聞斯行之. 公西華曰, 由也問聞斯行諸, 子曰有父兄在, 求也問聞斯行諸, 子曰聞斯行之, 赤也惑, 敢問, 子曰, 求也退, 故, 進之, 由也兼人, 故, 退之.

제자의 마음
子畏於匡, 顔淵後, 子曰, 吾以女爲死矣, 曰, 子在, 回何敢死.

야유와 경고

자로와 염구가 노나라 실권자인 계씨 집안 가신으로 있을 때의 일이다. 어느 날, 계씨 집안 사람으로 공자에게 글을 배운 적이 있는 계자연季子然이 찾아와 물었다.

"자로와 염구는 훌륭한 신하라고 할 만합니까?"

공자가 말하였다.

"좀 특별한 질문을 하려나 기대했는데 자네도 별 수 없이 두 사람에 대해 묻는군. 이른바 훌륭한 신하란 임금을 옳은 길로 인도하다가 뜻을 이루지 못하면 벼슬을 그만두는 법인데, 지금 두 사람은 그러지 못하니 그저 자리나 채우는 신하라고 할 수 있겠지."

"그렇다면 그들은 우리가 시키는 대로 따르기만 할 인물들입니까?"

"아버지나 임금을 죽이는 일에는 복종하지 않을 걸세."

수신 제가 치국 평천하

자로가 아직 학문이 충분하지 못한 후배 자고를 비費라는 지방의 읍장으로 발탁하려 했다. 그러자 공자가 질책하였다.

"남의 집 귀한 아들의 앞길을 망칠 생각이냐?"

"관리가 되어 백성을 다스리고 사직을 섬기는 것도 다 공부 아닙니까? 꼭 책을 읽는 것만이 공부는 아니지 않습니까?"

"이래서 내가 너처럼 말을 잘 꾸며 대는 사람을 미워하는 것이다."

제자들의 꿈

자로, 증석, 염구, 공서화 네 제자가 공자를 모시고 있었다. 공자가 말하였다.

"자, 나를 어려워하지 말고 한번 마음껏 이야기해 보아라. 너희들은 입버릇처럼 남들이 알아주지 않는다고 한탄하는데, 만일 알아주는 사람이 있어 관직에 발탁된다면 어떻게 하겠느냐?"

자로가 기다렸다는 듯이 대답했다.

"어떤 나라가 강대국들 사이에 끼어 전쟁 위협에 시달리고 그로 인해 백성들이 고통받고 있을 때 제가 정치를 맡게 된다면, 3년 이내에 백성들로 하여금 용기를 갖게 하고 아울러 대의를 알게 하겠습니다."

공자가 빙그레 웃고는 염구에게 물었다.

"너는 어떻게 하겠느냐?"

야유와 경고
季子然問, 仲由冉求, 可謂大臣與. 子曰, 吾以子爲異之問, 曾由與求之問, 所謂大臣者, 以道事君, 不可則止, 今由與求也, 可謂具臣矣. 曰, 然則從之者與, 子曰, 弑父與君, 亦不從也.

수신 제가 치국 평천하
子路使子羔爲費宰, 子曰賊夫人之子, 子路曰, 有民人焉, 有社稷焉, 何必讀書然後爲學, 子曰, 是故, 惡夫佞者.

제자들의 꿈
子路曾皙冉有公西華侍坐, 子曰, 以吾一日長乎爾, 毋吾以也, 居則曰不吾知也, 如或知爾, 則何以哉. 子路率爾而對曰, 千乘之國, 攝乎大國之間, 加之以師旅, 因之以饑饉, 由

"자그마한 나라의 정치를 제게 맡긴다면, 3년 안에 백성들의 살림을 풍족하게 만들 수 있습니다. 그러나 도덕과 문화를 진흥시키는 일은 그 방면에 능력이 있는 군자를 기다려야 할 것입니다."

이어서 공서화가 대답했다.

"제가 잘할 자신이 있다는 것이 아니라 한번 배워 보고 싶은 일을 말씀드리겠습니다. 종묘의 제사 때나 두 나라 군주가 회담하는 자리에서 예복을 단정히 입고 일을 거드는 작은 직책을 맡고 싶습니다."

마지막으로 비파를 타고 있던 증석에게 묻자, 그는 댕! 소리를 내며 비파를 밀쳐 놓고는 일어나서 말하였다.

"저는 세 사람의 생각과는 전혀 다릅니다. 그래서……."

"상관없다. 각자 자기 뜻을 말하는 자리 아니냐?"

증석은 천천히 입을 열었다.

"화창한 봄날에 산뜻한 옷으로 갈아 입고는 5, 6명의 젊은이 그리고 6, 7명의 아이들과 함께 나들이하고 싶습니다. 맑은 강물로 목욕하고 울창한 숲속의 제단祭壇에 올라가 놀다가 시를 읊으면서 돌아오겠습니다."

공자는 이 말을 듣더니 길게 한숨을 쉬었다.

"나도 너처럼 하고 싶구나."

자로, 염구, 공서화가 자리를 뜬 뒤 혼자 남은 증석이 공자에게 물었다.

“저 세 사람의 말을 어떻게 생각하십니까?”

“각자 자기 뜻을 말했을 뿐이지.”

“선생님은 왜 자로의 말을 듣고 웃으셨습니까?”

“나라를 다스리는 일은 예禮를 근본으로 하는 것인데, 정치를 하고 싶다는 사람의 말에 겸손한 빛이 전혀 없어서 웃은 것이다.”

증석이 다시 물었다.

“나머지 두 사람도 정치를 하고 싶어하는 것이겠지요?”

“물론이지. 나라가 크건 작건, 직위가 높건 낮건 정치가가 갖추어야 할 요건은 다 같은 것이다.”

*증석(曾晳) : 공자의 제자. 증자의 아버지이다.

也爲之, 比及三年, 可使有勇, 且知方也, 夫子哂之, 求, 爾何如, 對曰, 方六七十, 如五六十, 求也爲之, 比及三年, 可使足民, 如其禮樂, 以俟君子. 赤, 爾何如, 對曰, 非曰能之, 願學焉, 宗廟之事, 如會同, 端章甫, 願爲小相焉. 點, 爾何如, 鼓瑟希, 鏗爾舍瑟而作, 對曰, 異乎三子者之撰, 子曰, 何傷乎, 亦各言其志也. 曰, 莫春者, 春服旣成, 冠者五六人, 童子六七人, 浴乎沂, 風乎舞雩, 詠而歸, 夫子喟然嘆曰, 吾與點也. 三子者出, 曾晳後, 曾晳曰, 夫三子者之言, 何如, 子曰, 亦各言其志也已矣, 曰, 夫子何哂由也, 曰, 爲國以禮, 其言不讓, 是故, 哂之. 唯求則非邦也與, 安見方六七十如五六十而非邦也者, 唯赤則非邦也與, 宗廟會同, 非諸侯而何, 赤也爲之小, 孰能爲之大.

顔淵 안연

12 사회의 기초

극기복례

안회가 공자에게 물었다.

"인仁이란 무엇입니까?"

"자기의 욕망을 극복하고 예禮로 돌아오는 것이 인이다. 단 하루만이라도 이를 실천한다면 세상 사람들이 다 인에 귀의할 것이다. 이처럼 인의 실천이란 바로 자기 자신에게 달린 것이다."

안회가 다시 물었다.

"인을 실천하는 구체적인 방법을 알고 싶습니다."

"예에 어긋나면 보지도, 듣지도, 말하지도, 행동하지도 말아야 한다."

"제가 비록 모자라지만, 선생님 말씀을 깊이 새겨 지키겠습니다."

나를 미루어 남을 생각함

중궁이 공자에게 물었다.

"인이란 무엇입니까?"

"문 밖에 나서면 항상 귀한 손님을 접대하듯 몸가짐을 공손히 하고, 백성들을 부릴 때는 마치 큰 제사를 모시듯 신중하고 조심스럽게 하며, 내가 하고 싶지 않은 일을 남에게 시키지 않는 것이 바로 인이다. 이렇게 하면 백성들이건, 집안 사람들이건 원망하는 사람이 없을 것이다."

"제가 비록 모자라지만, 선생님 말씀을 깊이 새겨 지키겠습니다."

말하기의 어려움

제자 사마우司馬牛가 공자에게 물었다.

"인이란 무엇입니까?"

"어진 사람은 말을 할 때 매우 조심한다."

사마우가 다시 물었다.

"말만 신중하게 하면 인을 이루는 것입니까?"

"물론이지. 말한 대로 실천하기란 쉽지 않으니, 말을 조심하지 않을 수 있겠느냐?"

극기복례
顔淵問仁, 子曰, 克己復禮爲仁, 一日克己復禮, 天下歸仁焉, 爲仁由己, 而由人乎哉. 顔淵曰, 請問其目, 子曰, 非禮勿視, 非禮勿聽, 非禮勿言, 非禮勿動. 顔淵曰, 回雖不敏, 請事斯語矣.

나를 미루어 남을 생각함
仲弓問仁, 子曰, 出門如見大賓, 使民如承大祭, 己所不欲, 勿施於人, 在邦無怨, 在家無怨. 仲弓曰, 雍雖不敏, 請事斯語矣.

말하기의 어려움
司馬牛問仁, 子曰, 仁者, 其言也訒, 曰, 其言也訒, 斯謂之仁矣乎, 子曰, 爲之難, 言之得無訒乎.

탁 트인 마음

사마우가 공자에게 물었다.

"군자란 어떤 사람입니까?"

"군자는 근심이나 두려움이 없는 사람이다."

사마우가 다시 물었다.

"근심하지 않고 두려워하지 않으면 곧 군자라고 할 수 있습니까?"

"그럼. 스스로 반성해 보아 떳떳하지 못한 점이 없다면 무엇이 걱정되고 무엇이 두렵겠느냐?"

모든 이가 내 형제

사마우가 우울한 표정으로 말하였다.

"남들은 다 형제가 있는데, 나만 혼자로구나."

자하가 그를 위로했다.

"내가 들으니 사람이 죽고 사는 것은 명에 달렸고 부귀는 하늘에 달렸다고 하더군. 군자가 늘 자신을 수양하여 잘못을 저지르지 않고 남들을 공손하고 예의바르게 대하면, 세상 사람이 다 형제가 되지 않겠나? 그러니 너무 우울해 하지 말게."

냉철한 이성

자장이 공자에게 물었다.

"명철함이란 어떤 것입니까?"

"마치 물이 스며들 듯 은근히 남을 헐뜯는 말과 살을 도려내는 듯 절박한 하소연이라도 진실을 간파하여 그것을 따르지 않는다면, 명철할 뿐 아니라 멀리 내다보는 사람이라고 할 수 있다."

대동 사회의 기초

자공이 공자에게 물었다.

"정치를 어떻게 하는 것이 좋겠습니까?"

"경제를 풍족하게 하고, 국방을 튼튼히 하고, 백성들이 믿을 수 있도록 해야 한다."

"세 가지 가운데 어쩔 수 없이 하나를 포기해야 한다면, 무엇을 먼저 포기해야 합니까?"

탁 트인 마음
司馬牛問君子, 子曰, 君子不憂不懼, 曰, 不憂不懼, 斯謂之君子矣乎, 子曰, 內省不疚, 夫何憂何懼.

모든 이가 내 형제
司馬牛憂曰, 人皆有兄弟, 我獨亡. 子夏曰, 商聞之矣, 死生有命, 富貴在天, 君子敬而無失, 與人恭而有禮, 四海之內皆兄弟也, 君子何患乎無兄弟也.

냉철한 이성
子張問明, 子曰, 浸潤之譖, 膚受之愬, 不行焉, 可謂明也已矣, 浸潤之譖, 膚受之愬, 不行焉, 可謂遠也已矣.

대동 사회의 기초
子貢問政, 子曰, 足食, 足兵, 民信之矣. 子貢曰, 必不得已而去, 於斯三者, 何先, 曰, 去兵. 子貢曰, 必不得已而去, 於斯二者, 何先, 曰, 去食, 自古, 皆有死, 民無信不立.

"국방을 포기해야 한다."

"두 가지 가운데 다시 하나를 포기할 수밖에 없다면, 무엇을 포기해야 합니까?"

"경제이다. 사람은 누구나 죽음을 피할 수 없지만, 믿음이 없으면 아예 사회가 성립될 수 없기 때문이다."

내용과 형식

위나라 대부인 극자성棘子成이 말하였다.

"군자는 내면이 훌륭하면 그만이지 말이나 행동을 교양 있게 하는 게 뭐 그리 중요합니까?"

자공이 말하였다.

"안타깝군요. 당신은 지금 너무 큰 실언을 했습니다. 내용과 형식은 다같이 중요하며 서로 조화를 이루어야 하는 것입니다. 호랑이나 표범의 가죽에서 털을 뽑아 버린다면, 어떻게 개나 양의 가죽과 구별될 수 있겠습니까?"

민본주의

노나라 임금 애공이 공자의 제자인 유약有若에게 물었다.

"흉년이 들어 국가 재정이 부족하니 어떻게 하면 좋겠소?"

"백성들의 형편이 어려운데 왜 10분의 1 조세를 실시하지 않습니까?"

"지금처럼 10분의 2를 징수해도 부족한데, 10분의 1로 무얼 한단 말이오?"

"백성들이 풍족하면 임금도 풍족하고, 백성들이 부족하면 임금도 부족해야 하는 것입니다."

본분에 충실함

제나라 임금 경공景公이 공자에게 물었다.

"정치란 무엇입니까?"

"임금은 임금답고, 신하는 신하답고, 아버지는 아버지답고, 자식은 자식다운 것입니다."

"훌륭한 말씀입니다. 사회 구성원 모두가 제 역할을 하지 못한다면 나라가 유지될 수 없겠지요."

내용과 형식
棘子成曰, 君子, 質而已矣, 何以文爲. 子貢曰, 惜乎夫, 子之說, 君子也, 駟不及舌, 文猶質也, 質猶文也, 虎豹之鞹, 猶犬羊之鞹.

민본주의
哀公問於有若曰, 年饑, 用不足, 如之何, 有若對曰, 盍徹乎. 曰, 二, 吾猶不足, 如之何其徹也, 對曰, 百姓足, 君孰與不足, 百姓不足, 君孰與足.

본분에 충실함
齊景公問政於孔子, 孔子對曰, 君君臣臣父父子子. 公曰, 善哉, 信如君不君臣不臣父不父子不子, 雖有粟, 吾得而食諸.

판단력과 신용

공자가 말하였다.

"단 한마디 말로 소송 사건을 명쾌하게 판결할 수 있는 사람은 중유뿐일 것이다."

자로는 한번 약속한 일을 미루는 법이 없었다.

근본적인 해결

공자가 말하였다.

"내가 소송을 맡아 판결한다 해도 남과 다를 게 없겠지만, 그들로 하여금 애초에 송사를 벌이지 않도록 설득할 수는 있을 것이다."

정치가의 성실성

자장이 공자에게 물었다.

"올바른 정치를 하려면 어떻게 해야 합니까?"

"늘 올바른 정치에 대해 생각하고, 맡은 일을 성실히 하면 되는 것이다."

군자의 공부법

공자가 말하였다.

"군자가 널리 배우고 그것을 예禮에 입각해 요약한다면, 도道에 어긋나지 않을 것이다."

남을 대하는 태도

공자가 말하였다.

"군자는 남의 좋은 점을 키워 주고, 나쁜 점은 키워 주지 않는다. 그러나 소인은 정반대이다."

정(政)은 정(正)이다

노나라 대부 계강자가 정치에 대해 묻자 공자가 대답하였다.

"정치란 곧 바르게 하는 것입니다. 당신이 솔선수범하여 바른 길을 간다면 누가 감히 바르지 않을 수 있겠습니까?"

판단력과 신용
子曰, 片言, 可以折獄者, 其由也與. 子路, 無宿諾.

근본적인 해결
子曰, 聽訟, 吾猶人也, 必也使無訟乎.

정치가의 성실성
子張問政, 子曰, 居之無倦, 行之以忠.

군자의 공부법
子曰, 博學於文, 約之以禮, 亦可以弗畔矣夫.

남을 대하는 태도
子曰, 君子成人之美, 不成人之惡, 小人反是.

정(政)은 정(正)이다
季康子問政於孔子, 孔子對曰, 政者, 正也, 子帥以正, 孰敢不正.

큰 도둑, 작은 도둑

계강자가 공자에게 물었다.

"나라 안에 도둑이 많아서 걱정입니다. 무슨 좋은 방법이 없을까요?"

"진실로 당신에게 탐욕이 없다면, 백성들은 상을 준다고 해도 도둑질을 하지 않을 것입니다."

바람이 불면 풀이 눕는다

계강자가 공자에게 물었다.

"몇몇 못된 자들을 죽여 본보기를 보임으로써 백성들을 도덕적인 방향으로 나아가게 하면 어떻겠습니까?"

"당신은 왜 정치를 하면서 살인을 일삼으려 합니까? 그대가 선한 정치를 하고자 하면 백성들도 자연히 선해질 것입니다. 군자의 덕은 바람이고 소인의 덕은 풀이니, 바람이 스치면 풀은 반드시 눕습니다."

내실을 추구하라

자장이 공자에게 물었다.

"선비로서 어떻게 해야 통달했다고 할 수 있습니까?"

공자가 되물었다.

"네가 말하는 '통달'이 무슨 뜻이냐?"

"온 나라에 집집마다 이름이 알려지는 것을 말합니다."

"그것은 명성을 얻은 것이지 통달한 것은 아니다. 통달했다는 것은 마음이 진실하고 곧아 정의를 사랑하며, 남의 말을 자세히 듣고 표정을 잘 살펴 그 사람의 입장을 깊이 생각하는 것이다. 이렇게 하면 사회 생활이건 가정 생활이건 모든 일이 막힘 없이 풀려 나가므로 통달했다고 하는 것이다. 그런데 명성이란 겉으로만 도덕적인 체할 뿐 실제 행실은 딴판이어도 얻을 수 있는 것이다. 스스로 옳다고 믿어 끝까지 태연자약하면 사람들이 속아 넘어가 온 나라에 헛된 명성을 떨칠 수도 있다."

자기 수양

제자 번지樊遲가 공자와 함께 산책하면서 물었다.

큰 도둑, 작은 도둑
季康子患盜, 問於孔子, 孔子對曰, 苟子之不欲, 雖賞之, 不竊.

바람이 불면 풀은 눕는다
季康子問政於孔子曰, 如殺無道, 以就有道, 何如, 孔子對曰, 子爲政, 焉用殺, 子欲善, 而民善矣, 君子之德, 風, 小人之德, 草, 草上之風, 必偃.

내실을 추구하라
子張問, 士何如, 斯可謂之達矣, 子曰, 何哉, 爾所謂達者, 子張對曰, 在邦必聞, 在家必聞, 子曰, 是聞也, 非達也, 夫達也者, 質直而好義, 察言而觀色, 慮以下人; 在邦必達, 在家必達, 夫聞也者, 色取仁而行違, 居之不疑, 在邦必聞, 在家必聞.

자기 수양
樊遲從遊於舞雩之下, 曰, 敢問崇德修慝辨惑. 子曰, 善哉, 問, 先事後得, 非崇德與, 攻其惡, 無攻人之惡, 非修慝與, 一朝之忿, 忘其身, 以及其親, 非惑與.

"어떻게 하면 덕성을 높이고, 사악한 마음을 없애고, 미혹을 판별할 수 있습니까?"

"참 훌륭한 질문이구나. 자기가 마땅히 해야 할 일을 먼저 하고 대가는 뒤에 생각하는 것이 덕성을 높이는 방법이며, 자신의 잘못은 철저히 반성하고 남의 잘못은 관대하게 감싸 주는 것이 사악한 마음을 없애는 것이다. 그리고 한순간의 분노 때문에 자기 자신을 망각하고 부모한테까지 누를 끼치는 것이 미혹 아니겠느냐?"

양심적인 인재

번지가 공자에게 물었다.

"인仁이란 무엇입니까?"

"사람을 사랑하는 것이다."

번지가 다시 물었다.

"지知란 무엇입니까?"

"사람을 알아보는 것이다."

번지가 말뜻을 이해하지 못하자 공자가 다시 말하였다.

"양심적인 사람을 등용하고 거짓된 사람을 내쫓으면, 사람들이 양심을 지키려 노력할 것이다."

인사를 하고 방을 나오기는 했지만, 번지는 공자의 말이 아직도 완전히 이해되지 않았다. 그래서 자하를 찾아가서 물어보았다.

"아까 내가 선생님을 뵙고 지에 대해 물었더니, '양심적인 사람을 등용하고 거짓된 사람을 내쫓으면, 사람들이 양심을 지키려 노력할 것이다' 라고 하셨네. 이 말이 무슨 뜻일까?"

"참 의미 심장한 말씀이군. 옛날 순임금이 세상을 다스릴 때 여러 사람 가운데 고요를 골라 등용하니 옳지 못한 자들이 멀리 물러났고, 탕임금이 세상을 다스릴 때 여러 사람 가운데 이윤을 골라 등용하니 옳지 못한 자들이 멀리 물러났다네."

*고요(皐陶)와 이윤(伊尹)은 각각 순, 탕 시대의 어진 신하들이다.

우정의 핵심은 의리

자공이 친구 사귀는 도리에 대해 묻자 공자가 말하였다.

"친구가 잘못이 있을 때는 진심으로 충고하여 바른 길로 이끌어야 한다. 그러나 최선을 다해도 받아들이지 않으면 교제를 끊어, 너에게까지 불명예가 미치지 않도록 해라."

양심적인 인재
樊遲問仁, 子曰, 愛人, 問知, 子曰, 知人, 樊遲未達, 子曰, 擧直錯諸枉, 能使枉者直. 樊遲退, 見子夏曰, 鄕也, 吾見於夫子而問知, 子曰, 擧直錯諸枉, 能使枉者直, 何謂也. 子夏曰, 富哉, 言乎, 舜有天下, 選於衆, 擧皐陶, 不仁者遠矣, 湯有天下, 選於衆, 擧伊尹, 不仁者遠矣.

우정의 핵심은 의리
子貢問友, 子曰, 忠告而善道之, 不可則止, 無自辱焉.

유익한 사귐

증자가 말하였다.

"군자는 학문을 매개로 하여 친구를 모으고, 친구와 힘을 합쳐 인격을 수련한다."

유익한 사귐

曾子曰, 君子, 以文會友, 以友輔仁.

13 子路 자로

지도자의 길

솔선수범

자로가 정치에 대해 묻자 공자가 말하였다.

"앞장서서 일을 하고, 노고를 아끼지 않는 것이다."

"좀더 말씀해 주십시오."

"지금 말한 두 가지를 게을리하지 말아야 한다."

인사는 만사

계씨의 가신으로 발탁된 중궁仲弓(염옹)이 찾아와 가르침을 청하자 공자가 말하였다.

"먼저 관리들에게 골고루 책무를 분담시키고, 그들의 사소한 잘못은 용서해 주어라. 그리고 훌륭한 인재를 등용하여라."

"어떻게 하면 인재를 알아보고 선발할 수 있을까요?"

"우선 네가 알고 있는 훌륭한 사람들을 등용하여라. 그러면 남들이 네가 모르는 인재들을 추천해 올 것이다."

이름과 실상의 일치

위나라 임금의 초청을 받은 공자가 제자들과 함께 위나라를 향해 가고 있었다. 자로가 공자에게 물었다.

"위나라 임금이 선생님께 국정을 맡길 것 같은데, 선생님은 어떤 일을 먼저 하시겠습니까?"

"반드시 명분名分을 바로잡겠다."

"선생님은 현실을 너무 모르십니다. 어째서 그런 것부터 바로 잡으려고 하십니까?"

"네 생각이 거칠고 속되구나. 군자는 자기가 알지 못하는 일에 함부로 나서는 것이 아니다. 명분이 바르지 않으면 이름과 실상이 합치하지 않으므로 말이 시행되지 않고, 말이 시행되지 않으면 일이 이루어질 수 없고, 일이 이루어지지 못하면 문화가 진흥될 수 없고, 문화가 진흥되지 못하면 법이 적절히 집행될 수 없고, 법이 적절히 집행되지 않으면 백성들이 손발을 둘 데가 없다. 그러므로 군자는 무엇에 이름을 붙인 이상 반드시 말을 하고, 말하면 반드시 그대로 실천한다. 군자의 말에는 구차한 구석이 없는 것이다."

*여기서 유학의 정명 사상(正名思想)이 나오게 된다.

솔선수범
子路問政. 子曰. 先之勞之. 請益. 曰, 無倦.

인사는 만사
仲弓爲季氏宰, 問政, 子曰, 先有司, 赦小過, 擧賢才. 曰, 焉知賢才而擧之, 曰, 擧爾所知, 爾所不知, 人其舍諸.

이름과 실상의 일치
子路曰, 衛君待子而爲政, 子將奚先. 子曰, 必也正名乎. 子路曰, 有是哉, 子之迂也. 奚其正. 子曰, 野哉, 由也. 君子於其所不知, 蓋闕如也. 名不正則言不順, 言不順則事不成, 事不成則禮樂不興, 禮樂不興則刑罰不中, 刑罰不中則民無所措手足. 故, 君子名之, 必可言也, 言之, 必可行也, 君子於其言, 無所苟而已矣.

군자의 직분

번지가 농사 짓는 법을 배우고 싶어하자 공자가 말하였다.

"나는 늙은 농부보다 못하다."

다시 채소 가꾸는 법을 가르쳐 달라고 하자 공자가 말하였다.

"나는 채소 가꾸는 노인보다 못하다."

번지가 나가자 공자가 말하였다.

"저 친구는 지도자의 자질이 없구나. 윗사람이 예禮를 좋아하면 백성들이 공경하지 않을 수 없고, 윗사람이 의義를 좋아하면 백성들이 복종하지 않을 수 없고, 윗사람이 신信을 좋아하면 백성들이 진실되지 않을 수 없다. 이렇게 되면 각지의 백성들이 아이들을 등에 업고 모여들 텐데, 이런 중요한 일을 놓아 두고 농사를 배우려 하다니!"

산공부

공자가 말하였다.

"누가 『시경』의 시 300편을 다 외우고 있다 해도 정치를 맡겨 보니 능숙하지 못하고, 외교 사절로 파견해도 독자적으로 일처리를 하지 못한다면 시를 많이 외운 것이 무슨 쓸모가 있겠는가?"

백성의 마음

공자가 말하였다.

"위정자가 스스로 올바르면 명령을 내리지 않아도 저절로 시행되고, 위정자가 올바르지 않으면 아무리 명령을 내려도 사람들이 따르지 않는다."

닮은꼴 정치

노나라와 위나라는 본래 형제인 주공周公과 강숙康叔이 봉해진 나라였다. 두 나라는 실제로 정치와 풍습이 유사했고, 당시의 쇠퇴하고 혼란스러운 사회상도 비슷했다. 공자가 이 같은 상황을 탄식한 것으로 보인다.

공자가 말하였다.

"노나라와 위나라의 정치가 마치 형제처럼 닮았구나."

군자의 직분
樊遲請學稼, 子曰, 吾不如老農, 請學爲圃, 曰, 吾不如老圃. 樊遲出. 子曰, 小人哉, 樊須也. 上好禮則民莫敢不敬, 上好義則民莫敢不服上好信則民莫敢不用情. 夫如是則四方之民, 襁負其子而至矣, 焉用稼.

산공부
子曰, 誦詩三百, 授之以政, 不達, 使於四方, 不能專對, 雖多, 亦奚以爲.

백성의 마음
子曰, 其身正, 不令而行, 其身不正, 雖令不從.

닮은꼴 정치
子曰, 魯衛之政, 兄弟也.

만족하는 마음

공자가 위나라 대부인 공자형公子荊에 대해 말하였다.

"그는 집안을 잘 다스렸다. 처음 재산이 모이기 시작하자 '이제 필요한 건 웬만큼 갖추었구나' 하며 만족하였고, 재산이 조금 더 불어났을 때는 '이제 더 이상 바랄 게 없구나' 하며 만족하였다. 그리고 나중에 정말 부자가 되었을 때는 '이제 너무 화려하구나' 하였다."

경제와 교육

공자가 위나라를 향해 가고 있었다. 도로변에 인가가 많은 것을 본 공자가 수레를 모는 염유에게 말하였다.

"이 나라 인구가 참 많구나!"

"백성이 많아진 다음에 해야 할 일은 무엇입니까?"

"부유하게 만들어야지."

"백성들이 부유해진 다음에는 또 무엇을 해야 합니까?"

"교육시켜야 한다."

공자의 자신감

공자가 말하였다.

"만일 누가 나를 등용해 정치를 맡긴다면, 1년 안에 나라를 어느 정도 바로잡고 3년 후면 큰 성과를 낼 것이다."

도덕 정치의 효과

공자가 말하였다.

"옛말에 '훌륭한 사람이 100년 동안 나라를 다스리면 잔악한 범죄가 사라지고 사형 제도도 폐지된다' 고 했는데, 이 말은 진실이다."

험악한 세태

공자가 말하였다.

"지금 세상에 만약 성왕聖王이 나타난다 해도, 도덕 정치를 완성하는 데 30년은 걸릴 것이다."

만족하는 마음
子謂衛公子荊, 善居室. 始有, 曰, 苟合矣, 少有, 曰, 苟完矣, 富有, 曰, 苟美矣.

경제와 교육
子適衛, 冉有僕, 子曰, 庶矣哉, 冉有曰, 旣庶矣, 又何加焉, 曰, 富之, 曰, 旣富矣, 又何加焉, 曰, 敎之.

공자의 자신감
子曰, 苟有用我者, 朞月而已, 可也, 三年, 有成.

도덕 정치의 효과
子曰, 善人爲邦百年, 亦可以勝殘去殺矣, 誠哉, 是言也.

험악한 세태
子曰, 如有王者, 必世而後仁.

자기 수양과 정치

공자가 말하였다.

"위정자가 자기 자신을 바로잡을 수 있다면, 정치를 하는 데 무슨 어려움이 있겠느냐? 그러나 제 한 몸조차 바로잡지 못한다면, 어떻게 정치를 통해 남을 바로잡을 수 있겠느냐?"

공과 사

염유가 노나라 대부 계씨의 가신으로 있을 때였다. 어느 날 늦도록 회의를 하고 돌아오자 공자가 물었다.

"왜 이렇게 늦었느냐?"

"예. 국정을 논의하느라 늦었습니다."

"국정이 아니라 계씨 집안의 사사로운 일이었겠지. 만일 국정을 논의할 일이 있었다면, 내가 비록 참여하진 않더라도 그 내용은 전해 들었을 것이다."

임금의 자세

노나라 임금 정공定公이 공자에게 물었다.

"한마디 말로 나라를 흥하게 할 수 있다고 하는데, 정말 그럴 수 있을까요?"

"말 한마디로 그렇게 할 수는 없겠지요. 하지만 사람들이 말하기를 '임금 노릇 하기는 어렵고, 신하 노릇 하기도 쉽지 않다' 고

합니다. 만일 임금 노릇 하기가 어렵다는 말을 명심하고 신중한 정치를 편다면, 이것이 한마디 말로 나라를 흥하게 할 수 있다는 말과 가깝지 않을까요?"

정공이 다시 물었다.

"한마디 말로 나라를 망칠 수 있다고도 하는데, 정말 그럴 수 있을까요?"

"말 한마디로 그렇게 할 수는 없겠지요. 하지만 누군가 말하기를 '나는 임금이 되어서 기쁜 것이 아니라 내 말을 아무도 어기지 않는 것이 즐거울 뿐이다' 라고 했습니다. 그 임금의 말이 옳아서 아무도 반대하지 않는 것이라면 좋은 일이지만, 만일 임금의 말이 옳지 않은데도 반대하는 사람이 없다면 이것이 한마디 말로 나라를 망칠 수 있다는 말과 가깝지 않을까요?"

자기 수양과 정치
子曰, 苟正其身矣, 於從政乎, 何有, 不能正其身, 如正人何.

공과 사
冉子退朝, 子曰, 何晏也, 對曰, 有政. 子曰, 其事也. 如有政, 雖不吾以, 吾其與聞之.

임금의 자세
定公問一言而可以興邦, 有諸. 孔子對曰, 言不可以若是其幾也. 人之言, 曰, 爲君難, 爲臣不易, 如知爲君之難也, 不幾乎一言而興邦乎. 曰, 一言而喪邦, 有諸. 孔子對曰, 言不可以若是其幾也, 人之言, 曰, 予無樂乎爲君, 唯其言而莫予違也, 如其善而莫之違也, 不亦善乎, 如不善而莫之違也, 不幾乎一言而喪邦乎.

정치란 백성들을 기쁘게 하는 것

섭공葉公이 공자에게 물었다.

"정치란 무엇입니까?"

"가까운 곳에 사는 백성들이 기뻐하고, 먼 곳에 사는 백성들이 찾아오게 하는 것입니다."

크게, 멀리 생각하라

자하가 노나라의 거보莒父라는 읍을 맡아 다스리게 되었다. 자하가 찾아와 자문하자 공자가 말하였다.

"급히 서두르지 말고, 작은 이익에 연연하지 말아야 한다. 급히 서두르면 목적을 이룰 수 없고, 작은 이익에 눈을 팔면 큰 일을 성취할 수 없다."

천륜과 사회적 의무

섭공이 공자에게 자랑했다.

"우리 마을에 정직한 사람이 있습니다. 그 사람 아버지가 양을 훔쳤는데 그것을 증언했습니다."

"우리 마을의 정직한 사람은 그렇게 하지 않습니다. 아버지는 자식을 위해 숨기고 자식은 아버지를 위해 숨깁니다. 정직이란 바로 그 속에 있습니다."

공손 · 경건 · 성실

번지가 공자에게 물었다.

"인仁이란 무엇입니까?"

"일상 생활에서 말과 행동을 공손히 하고, 일을 할 때는 경건한 자세로 최선을 다하며, 대인 관계를 성실하게 하는 것이다. 이 세 가지는 오랑캐 나라에 가더라도 버려서는 안 된다."

사람의 등급

자공이 공자에게 물었다.

"사람이 어떤 수준이 되어야 선비라고 할 수 있습니까?"

"자기 잘못을 부끄러워할 줄 알고, 외국에 사절로 파견되었을

정치란 백성들을 기쁘게 하는 것
葉公問政. 子曰, 近者說, 遠者來.

크게, 멀리 생각하라
子夏爲莒父宰, 問政, 子曰, 無欲速, 無見小利, 欲速, 則不達, 見小利, 則大事不成.

천륜과 사회적 의무
葉公語孔子曰, 吾黨有直躬者, 其父攘羊, 而子證之. 孔子曰, 吾黨之直者, 異於是, 父爲子隱, 子爲父隱, 直在其中矣.

공손 · 경건 · 성실
樊遲問仁, 子曰, 居處恭, 執事敬, 與人忠. 雖之夷狄, 不可棄也.

사람의 등급
子貢問曰, 何如, 斯可謂之士矣. 子曰, 行己有恥, 使於四方, 不辱君命, 可謂士矣. 曰, 敢問其次. 曰, 宗族稱孝焉, 鄕黨稱弟焉. 曰, 敢問其次. 曰, 言必信, 行必果, 硜硜然小人哉, 抑亦可以爲次矣. 曰, 今之從政者, 何如. 子曰, 噫, 斗筲之人, 何足算也.

때 나라를 욕되게 하지 않는다면 선비라고 할 수 있다."

자공이 다시 물었다.

"그 바로 아래 단계는 어떤 것입니까?"

"친척들이 효자라고 칭찬하고, 마을 사람들이 착하다고 입을 모으는 것이다."

"또 그 아래 단계는 어떤 것입니까?"

"빈말을 하지 않고 우유부단하지 않은 사람이면, 그런 대로 그 아래 단계라고 할 수 있다."

"그럼 요즘 정치가들은 어떻습니까?"

"말도 마라. 그런 좀팽이들을 어떻게 따져 본단 말이냐!"

기백과 지조

공자가 말하였다.

"조화로운 성품을 갖춘 사람을 제자로 맞아 가르치지 못할 바에는, 뜻은 높은데 지혜가 부족해 행동이 과격한 사람이나 고집스레 지조를 지키는 사람을 택할 것이다. 과격한 사람은 진취적이고, 지조가 강한 사람은 결코 나쁜 일을 하지 않기 때문이다."

인격의 기초

공자가 말하였다.

"남쪽 지방 사람들의 격언에 '사람이 한결같은 마음이 없으면

천한 무당이나 의원 노릇조차도 할 수 없다' 고 했는데, 참으로 옳은 말이다."

공자는 또 『역경』의 '변치 않는 도덕심을 가지지 않으면 항상 수치를 당한다' 는 구절에 대해 이렇게 말하였다.

"그건 점을 쳐 볼 것도 없이 당연한 일이다."

주체성

공자가 말하였다.

"군자는 남들과 잘 어울리지만 같아지지는 않는다. 반대로 소인은 남들과 같아지기는 잘하지만 어울리지는 못한다."

기백과 지조
子曰, 不得中行而與之, 必也狂狷乎, 狂者, 進取, 狷者, 有所不爲也.

인격의 기초
子曰, 南人有言曰, 人而無恒, 不可以作巫醫, 善夫. 不恒其德, 或承之羞, 子曰, 不占而已矣.

주체성
子曰, 君子, 和而不同, 小人, 同而不和.

정의로운 사람

자공이 공자에게 물었다.

"마을 사람들이 모두 그를 좋아한다면 어떻습니까?"

"아직 부족하다."

"마을 사람들이 모두 그를 미워한다면 어떻습니까?"

"역시 부족하다. 마을 사람들 가운데 선한 자는 그를 좋아하고, 악한 자는 그를 미워하는 것보다는 못하다."

상사의 두 유형

공자가 말하였다.

"군자를 윗사람으로 모시기는 쉽지만 기쁘게 하기는 어렵다. 군자는 아랫사람이 자기 직분만 충실히 하면 만족하는 반면, 올바른 방법으로 기쁘게 하지 않으면 좋아하지 않기 때문이다.

소인을 윗사람으로 모시기는 어렵지만 기쁘게 하기는 쉽다. 소인은 아랫사람이 모든 것을 다 해 주기를 바라는 반면, 방법이야 어떻든 기쁘게만 해 주면 좋아하기 때문이다."

여유와 교만

공자가 말하였다.

"군자는 늘 여유 있지만 교만하지 않고, 소인은 교만할 뿐 여유가 없다."

네 가지 미덕

공자가 말하였다.

"강직함, 의연함, 소박함, 과묵함은 모두 인仁에 가깝다."

친구와 형제

자로가 공자에게 물었다.

"어떻게 해야 선비라고 할 수 있습니까?"

"간절히 옳은 일을 권하고, 화목하게 지내면 선비라고 할 수 있다. 친구간에는 간절히 옳은 일을 권하고, 형제간에는 화목하게 지내야 한다."

정의로운 사람
子貢問曰, 鄕人皆好之, 何如. 子曰, 未可也. 鄕人皆惡之, 何如, 子曰, 未可也, 不如鄕人之善者好之, 其不善者惡之.

상사의 두 유형
子曰, 君子, 易事而難說也, 說之不以道, 不說也, 及其使人也, 器之. 小人, 難事而易說也, 說之雖不以道, 說也, 及其使人也, 求備焉.

여유와 교만
子曰, 君子, 泰而不驕, 小人, 驕而不泰.

네 가지 미덕
子曰, 剛毅木訥, 近仁.

친구와 형제
子路問曰, 何如, 斯可謂之士矣. 子曰, 切切偲偲, 怡怡如也, 可謂士矣, 朋友, 切切偲偲, 兄弟, 怡怡.

교육이 우선

공자가 말하였다.

"선한 사람이 백성들을 7년 동안 교육한 뒤라면 안심하고 전쟁터에 내보낼 수 있다."

성급한 전쟁

공자가 말하였다.

"정신 교육과 군사 훈련을 충분히 시키지 않은 상태에서 백성들을 전쟁터로 보내는 것은 그들을 버리는 것이다."

교육이 우선

子曰, 善人教民七年, 亦可以卽戎矣.

성급한 전쟁

子曰, 以不教民戰, 是謂棄之.

憲問 헌문

14 개인에서 사회로

부끄러운 일

제자 원헌原憲이 공자에게 물었다.

"수치란 무엇입니까?"

"훌륭한 임금 아래서나 포악한 임금 아래서나 변함없이 관직을 지키고 있는 것이 수치이다."

욕망의 극복

원헌이 공자에게 물었다.

"남을 이기려 하지 않고, 자기를 과시하지 않고, 남을 탓하지 않고, 탐욕을 부리지 않으면 훌륭한 사람이라고 할 수 있습니까?"

"그렇게 하는 것도 쉬운 일은 아니지만, 훌륭하다고까지 할 수 있을지는 잘 모르겠다."

선비의 길

공자가 말하였다.

"안락한 생활을 꿈꾸는 사람은 선비라고 할 수 없다."

선비의 처신

공자가 말하였다.

"올바른 정치가 펼쳐질 때는 말과 행동을 다같이 꼿꼿하게 하고, 불의와 부정이 판칠 때는 행동은 꼿꼿하게 하되 말은 겸손하게 하여라."

필요 충분 조건

공자가 말하였다.

"도덕적인 사람은 반드시 옳은 말을 하지만, 옳은 말을 한다고 해서 반드시 도덕적인 것은 아니다. 양심적인 사람은 반드시 용기가 있지만, 용기가 있다고 해서 반드시 양심적인 것은 아니다."

무력과 도덕

제자 남궁 괄南宮 适(남용)이 공자에게 말하였다.

"옛날 예羿라는 사람은 활을 잘 쏘았고, 오奡라는 사람은 땅에서

부끄러운 일
憲問恥, 子曰, 邦有道, 穀, 邦無道, 穀, 恥也.

욕망의 극복
克伐怨欲, 不行焉, 可以爲仁矣. 子曰, 可以爲難矣, 仁則吾不知也.

선비의 길
子曰, 士而懷居, 不足以爲士矣.

선비의 처신
子曰, 邦有道, 危言危行, 邦無道, 危行言孫.

필요 충분 조건
子曰, 有德者, 必有言, 有言者, 不必有德, 仁者, 必有勇, 勇者, 不必有仁.

무력과 도덕
南宮适問於孔子曰, 羿, 善射奡 ,盪 舟, 俱不得其死, 然禹稷, 躬稼而有天下. 夫子不答 .
南宮适出, 子曰, 君子哉, 若人, 尙德哉, 若人.

배를 저을 만큼 힘이 셌지만 모두 남의 손에 죽었습니다. 그러나 아무 욕심 없이 시골에서 농사짓던 우와 직은 마침내 천하를 얻었습니다."

공자는 묵묵히 듣기만 했다.

남궁 괄이 나가자 공자가 입을 열었다.

"저 사람은 군자이다. 도덕을 숭상하는구나!"

*우(禹): 우임금.
*직(稷): 순임금 때 농업을 관장한 신하. 그 자손이 주왕조를 열었다.

인격의 차원

공자가 말하였다.

"군자이면서도 어질지 않은 사람은 있을 수 있지만, 소인이면서 어진 사람은 있을 수 없다."

깊은 사랑

공자가 말하였다.

"누군가를 진심으로 사랑한다면, 그 사람을 편안하게만 놓아둘 수 없다. 누군가를 진심으로 위한다면, 그 사람의 잘못을 일깨워 주지 않을 수 없다."

외교 드림팀

공자가 말하였다.

“정나라에서는 외교 문서를 작성하라는 명이 떨어지면 비심裨諶이 초안을 작성하고, 세숙世叔이 검토 · 논의하였다. 그 다음에는 사신에 관한 일을 관장하는 관리인 자우子羽가 내용과 문장을 다듬었으며, 마지막으로 동리東里(지명)에 사는 자산子產이 윤색하여 마무리하였다.”

*여기에 등장하는 네 사람은 모두 정나라 대부이다. 특히, 자산(子產)은 정나라를 부강하게 만든 유명한 정치가였다.

인격의 차원
子曰, 君子而不仁者, 有矣夫, 未有小人而仁者也.

깊은 사랑
子曰, 愛之, 能勿勞乎, 忠焉, 能勿誨乎.

외교 드림팀
子曰, 爲命, 裨諶草創之, 世叔討論之, 行人子羽脩飾之, 東里子產潤色之.

공명 정대한 사람

중국 춘추시대의 이름난 정치가로는 정나라의 자산子産과 제나라의 관중管仲을 들 수 있다. 자산은 탁월한 정치력을 발휘하여 대내적으로는 귀족 간의 분쟁을 조정하고, 대외적으로는 강대국 사이에서 실리 외교를 펼쳐 정나라가 전쟁에 말려드는 것을 여러 차례 막아 냈다.

관중은 당대 최고의 정치가로 불린 사람이다. 그는 환공桓公을 도와 제나라를 강대국으로 발전시키고 공정한 정치를 펼쳐 국민적 영웅으로 추앙받았다.

초나라의 자서子西는 왕위를 동생에게 양보한 사람인데, 임금이 공자를 등용하려 하자 이를 저지하였다.

어떤 사람이 공자에게 물었다.

"자산은 어떤 사람입니까?"

"자애로운 사람이다."

"자서는 어떻습니까?"

"그 사람 말이냐, 그 사람 말이냐!"

"관중은 어떤 사람입니까?"

"관중이 죄를 지은 한 대부의 재산을 몰수한 적이 있는데, 그 대부는 어렵게 살면서도 죽을 때까지 관중을 원망하지 않았다."

가난이라는 것

공자가 말하였다.

"가난하게 살면서 불만을 갖지 않기는 어렵고, 부유하게 살면서 교만하지 않기는 쉽다."

인격과 능력

공자가 말하였다.

"맹공작은 인격이 훌륭하고 청렴하므로 권세 있는 집안의 가신이 되기에는 충분하다. 그러나 통솔력과 행정 능력이 없기 때문에 아무리 작은 나라라 해도 정치를 맡길 만한 인물은 못 된다."

*맹공작(孟公綽): 노나라의 대부. 현인이라는 말을 들었다고 한다.

공명 정대한 사람
或問子產, 子曰, 惠人也. 問子西, 曰, 彼哉. 彼哉. 問管仲, 曰, 人也奪伯氏騈邑三百, 飯疏食沒齒, 無怨言.

가난이라는 것
子曰, 貧而無怨, 難, 富, 而無驕, 易.

인격과 능력
子曰, 孟公綽, 爲趙魏老則優, 不可以爲滕薛大夫.

완벽한 인간

자로가 공자에게 물었다.

"어떤 사람을 완벽한 인간이라고 합니까?"

"장무중의 지혜, 맹공작의 청렴함, 변장자의 용기, 염구의 예술성을 고루 갖추고 그것을 예의로 알맞게 조절하며 음악으로 고르게 한다면 완벽한 인간이라고 할 수 있겠지."

잠시 후 공자가 다시 말하였다.

"하지만 요즘 세상에 어떻게 이런 사람을 바라겠는가? 이익을 보면 의리를 생각하고, 위기가 닥치면 목숨을 바치며, 오래된 약속을 평생 잊지 않는다면 완벽한 인간이라고 할 수 있을 것이다."

*장무중(臧武仲), 변장자(卞莊子)는 모두 노나라의 대부이다.

고매한 인격

공자가 위나라 사람인 공명가公明賈에게 물었다.

"당신 나라 대부인 공숙문자公叔文子는 말하지 않고 웃지도 않으며 선물을 받지 않는다고 하던데 정말입니까?"

"말을 전한 사람이 좀 지나쳤군요. 그 분은 때에 맞추어 말을 하기 때문에 사람들이 그 분의 말을 싫어하지 않고, 마땅히 즐거워할 만한 경우에만 웃기 때문에 사람들이 미워하지 않으며, 떳떳한 선물만 받기 때문에 사람들이 그 분이 선물을 받는 것을 싫어하지 않습니다."

"그게 사실입니까, 어떻게 그럴 수가 있을까요?"

월권에 대한 비판

공자가 말하였다.

"장무중은 자신의 봉지인 방防 지역을 근거지로 삼아, 노나라에 자신을 후계자로 세워달라고 겸손한 태도로 청하였다. 사람들은 이것을 두고 임금에게 강요한 것은 아니라고 말할지 모르지만, 나는 그 말을 믿지 않는다."

대의 명분의 역사관

춘추 시대에 주나라 천자는 이름뿐이었고, 실제로는 여러 제후

완벽한 인간
子路問成人, 子曰, 若臧武仲之知, 公綽之不欲, 卞莊子之勇, 冉求之藝, 文之以禮樂, 亦可以爲成人矣. 曰, 今之成人者, 何必然, 見利思義, 見危授命, 久要, 不忘平生之言, 亦可以爲成人矣.

고매한 인격
子問公叔文子於公明賈曰, 信乎, 夫子不言不笑不取乎, 公明賈對曰, 以告者過也, 夫子時然後言, 人不厭其言, 樂然後笑, 人不厭其笑, 義然後取, 人不厭其取, 子曰, 其然, 豈其然乎.

월권에 대한 비판
子曰, 臧武仲以防求爲後於魯, 雖曰不要君, 吾不信也.

대의 명분의 역사관
子曰, 晉文公, 譎而不正, 齊桓公, 正而不譎.

국이 약탈과 합병을 반복하며 패권을 다투었다. 이 혼란을 틈타 중국 주변 이민족의 움직임도 활발해졌다. 그러자 이민족들의 침입을 막기 위해 제후들 간의 동맹이 이루어졌고, 이 동맹에서 지도적 위치를 차지한 제후를 패자霸者라고 불렀다. 제나라 환공, 진나라 문공文公, 송나라 양공襄公, 진나라 목공穆公, 초나라 장왕莊王을 흔히 춘추 시대의 다섯 패자春秋五覇라고 부른다.

공자가 말하였다.

"진나라 문공은 권모 술수를 쓰고 정도를 걷지 않았지만, 제나라 환공은 정도를 걷고 권모 술수를 쓰지 않았다."

평화를 이룬 공

제나라 양공襄公이 죽자 두 아들 사이에 권력 다툼이 일어났다. 그 가운데 한 사람은 공자 규糾, 다른 사람은 환공이었다. 관중은 소홀召忽과 함께 규의 편이었고, 포숙아는 환공의 편이었다. 결국 규는 환공의 손에 죽고 관중과 소홀은 체포된다. 소홀은 압송 도중 자살하였으나, 관중은 포숙아의 추천으로 환공의 신하가 되었다.

자로가 공자에게 물었다.

"환공이 공자 규를 죽였을 때, 소홀은 의리를 지키기 위해 따라 죽었는데 관중은 죽지 않았습니다. 그러므로 관중은 도덕적인 사람이라고 할 수 없겠지요?"

"뒷날 환공이 제후들을 규합할 때 무력을 쓰지 않은 것은 모두 관중의 힘이다. 과연 누가 관중만큼 도덕적일 수 있겠는가?"

작은 의리, 큰 의리

자공이 공자에게 물었다.

"관중은 사람답지 못하지 않습니까? 환공이 공자 규를 죽였는데도 같이 죽지 않고 오히려 환공을 돕지 않았습니까?"

"관중은 환공을 도와 천하를 평정함으로써 혼란한 세상을 바로잡았고, 백성들은 오늘날까지 그 혜택을 입고 있다. 관중이 아니었더라면 우리들은 머리를 풀고 옷깃을 왼쪽으로 여미는 오랑캐가 되고 말았을 것이다. 그러므로 보통 사람들이 작은 신의와 지조를 지키기 위해 스스로 목을 매어 죽는 것과 비교할 수 없는 일이다."

평화를 이룬 공
子路曰, 桓公殺公子糾, 召忽死之, 管仲不死, 曰, 未仁乎. 子曰, 桓公九合諸侯, 不以兵車, 管仲之力也, 如其仁, 如其仁.

작은 의리, 큰 의리
子貢曰, 管仲非仁者與. 桓公殺公子糾, 不能死, 又相之. 子曰, 管仲相桓公, 霸諸侯, 一匡天下, 民到于今, 受其賜, 微管仲, 吾其被髮左衽矣, 豈若匹夫匹婦之爲諒也, 自經於溝瀆而莫之知也.

사욕을 극복함

공숙문자는 자기 집안의 가신인 선僎이라는 사람을 추천하여, 자기와 같은 대부의 지위로서 정치에 참여하게 하였다. 공자가 이 말을 듣고 칭찬하였다.

"그는 시호를 문文이라고 할 만한 사람이구나."

인재의 중요성

공자가 위나라 임금 영공靈公의 무도함에 대해 이야기하였다. 그러자 계강자가 물었다.

"영공이 그렇게 무도한데 왜 망하지 않았습니까?"

"그에게는 인재가 많습니다. 중숙어仲叔圉는 사신들을 잘 접대하고, 축타祝鮀는 종묘 제사를 잘 관리하고, 왕손가는 군대를 잘 통솔합니다. 그러니 망할 리가 있겠습니까?"

호언장담

공자가 말하였다.

"큰소리 치는 것을 부끄러워하지 않는 사람은 그것을 실천할 때 고생하는 법이다."

안타까운 마음

노나라 애공 당시 정치의 실권은 맹손, 숙손, 계손 세 사람에게 있었다.

제나라 대부 진항陳恒이 자기 임금인 간공簡公을 살해했다. 공자는 목욕하고 조정에 나아가 애공에게 말하였다.

"진항이 군주를 죽이는 용서할 수 없는 짓을 저질렀습니다. 군사를 일으켜 토벌하십시오."

그러나 애공은 스스로 결정하지 못하였다.

"그들 세 사람과 상의해 보십시오."

조정에서 물러나온 공자가 탄식하였다.

"내가 전에 대부의 말석에 있었기 때문에 이 중대한 일을 고하

사욕을 극복함
公叔文子之臣大夫僎, 與文子, 同升諸公, 子聞之曰, 可以爲文矣.

인재의 중요성
子言衛靈公之無道也, 康子曰, 夫如是, 奚而不喪, 孔子曰, 仲叔圉治賓客, 祝鮀治宗廟, 王孫賈治軍旅, 夫如是, 奚其喪.

호언장담
子曰, 其言之不怍, 則爲之也難.

안타까운 마음
陳成子弑簡公, 孔子沐浴而朝, 告於哀公曰, 陳恒弑其君, 請討之. 公曰, 告夫三子. 孔子曰, 以吾從大夫之後, 不敢不告也, 君曰, 告夫三子者. 之三子, 告, 不可. 孔子曰, 以吾從大夫之後, 不敢不告也.

지 않을 수 없었다. 그런데 임금께서는 그들 세 사람과 상의하라고 하시는구나!"

공자는 임금의 명령에 따라 실권자 세 사람을 찾아가 이 일을 상의하였다. 그러나 세 사람 모두 그럴 수 없다고 하였다. 공자가 다시 탄식하였다.

"내가 전에 대부의 말석에 있었기 때문에 이 중대한 일을 고하지 않을 수 없었다!"

솔직한 태도

자로가 공자에게 물었다.

"임금을 어떻게 섬겨야 합니까?"

"우선 임금을 속이지 말고, 그런 뒤에는 얼굴을 붉히면서라도 바른 말을 해야 한다."

향상과 추락

공자가 말하였다.

"군자는 날마다 고상해지고, 소인은 날마다 천박해진다."

학문의 목적

공자가 말하였다.

"옛날 학문하는 사람들은 자신의 수양을 위해서 했는데, 요즘 학문하는 사람들은 남들에게 보이기 위해서 하는구나."

겸허하게 노력함

위나라 대부 거백옥蘧伯玉이 공자에게 사자를 보내 문안하였다. 사자와 자리를 같이한 공자가 물었다.

"그분께서는 요즘 무슨 일을 하시나요?"

"저희 선생님은 자신의 단점을 줄여 보려고 애쓰시는데 잘 되지 않는 모양입니다."

사자가 물러간 뒤에 공자가 칭찬하였다.

"참 훌륭한 사자로구나! 그는 윗사람을 빛낼 줄 아는구나!"

솔직한 태도
子路問事君, 子曰, 勿欺也, 而犯之.

향상과 추락
子曰, 君子上達, 小人下達.

학문의 목적
子曰, 古之學者, 爲己, 今之學者, 爲人.

겸허하게 노력함
蘧伯玉使人於孔子, 孔子與之坐而問焉曰, 夫子何爲, 對曰, 夫子欲寡其過, 而未能也. 使者出, 子曰, 使乎, 使乎.

월권은 금물

공자가 말하였다.

"공직자는 자기 직분을 벗어나는 일에 끼어들지 말아야 한다."

*「태백」에도 이와 똑같은 구절이 있다.

직분에 충실함

증자가 말하였다.

"군자는 자기 직분을 벗어난 일은 생각하지 않는다."

말의 무게

공자가 말하였다.

"군자는 말이 행동보다 앞서는 것을 부끄러워한다."

양심 · 지혜 · 용기

공자가 말하였다.

"군자의 길은 다음 세 가지인데 그 가운데 내가 잘하는 것은 하나도 없구나. 양심적인 사람은 근심하지 않고, 지혜로운 사람은 현혹되지 않고, 용기 있는 사람은 두려워하지 않는다."

이 말에 대해 자공이 덧붙였다.

"선생님께서 겸손하게 말씀하신 것이다."

너부터 돌아보라

자공은 재능과 말솜씨가 뛰어난 만큼 남들의 장단점을 비교 평가하기를 좋아했다. 공자가 어느 날 자공을 꾸중하였다.

"너는 벌써 현자賢者가 되었느냐? 나는 자신을 수양하기에 바빠 너처럼 남들을 평가할 겨를이 없다."

실력 함양

공자가 말하였다.

"남이 나를 알아주지 않는 것을 걱정하지 말고, 내 능력이 부족한 것을 걱정하여라."

월권은 금물
子曰, 不在其位, 不謀其政.

직분에 충실함
曾子曰, 君子思不出其位.

말의 무게
子曰, 君子恥其言而過其行.

양심 · 지혜 · 용기
子曰, 君子道者三, 我無能焉, 仁者不憂, 知者不惑, 勇者不懼. 子貢曰, 夫子自道也.

너부터 돌아보라
子貢方人, 子曰, 賜也賢乎哉, 夫我則不暇.

실력 함양
子曰, 不患人之不己知, 患其不能也.

맑은 통찰력

공자가 말하였다.

"남이 나를 속이지 않을까 경계하지 않고, 남이 나를 믿지 않을까 억측하지 않으면서도 오히려 일의 진상을 먼저 알아차리는 사람이야말로 현자이다."

독선을 경계함

혼탁한 세상을 피해 숨어 사는 은자隱者 미생무微生畝가 공자에게 말하였다.

"자네는 왜 그렇게 여기저기 바쁘게 돌아다니는가? 혹시 말재주를 부려 남의 환심을 사 보려는 것 아닌가?"

"결코 그렇지 않습니다. 저는 단지 하나만 알고 둘은 모르는 고집불통을 미워할 뿐입니다."

능력과 도덕성

공자가 말하였다.

"천리마千里馬라는 명칭은 달리는 힘만이 아니라 잘 훈련된 성질과 몸가짐을 칭찬하는 말이다."

최고의 가치

어떤 사람이 공자에게 물었다.

"원한을 사랑으로 갚으면 어떻겠습니까?"

"그럼 사랑은 무엇으로 갚겠는가? 원한은 공평 무사한 곧은 마음으로 갚고, 사랑은 사랑으로 갚아야 한다."

낮은 데서 높은 곳으로

"아, 아무도 나를 알아보지 못하는구나!"

만년의 공자가 이렇게 한탄하자 자공이 위로하였다.

"세상 사람들이 왜 선생님의 진가를 모르겠습니까?"

"나는 하늘을 원망하지 않고 남을 탓하지도 않으며, 단지 세상 일부터 배워 차츰 우주의 진리를 통달하는 길로 나아가고 있으니, 나를 아는 것은 저 하늘뿐이겠지."

맑은 통찰력
子曰, 不逆詐, 不億不信, 抑亦先覺者是賢乎.

독선을 경계함
微生畝謂孔子曰, 丘, 何爲是栖栖者與, 無乃爲佞乎. 孔子曰, 非敢爲佞也, 疾固也.

능력과 도덕성
子曰, 驥不稱其力, 稱其德也.

최고의 가치
惑曰, 以德報怨, 何如. 子曰, 何以報德, 以直報怨, 以德報德.

낮은 데서 높은 곳으로
子曰, 莫我知也夫, 子貢曰, 何爲其莫知子也, 子曰, 不怨天, 不尤人, 下學而上達, 知我者, 其天乎.

순리에 따르라

공백료公伯寮라는 자가 계손씨에게 자로를 중상하였다. 대부 자복경백子服景伯이 분노하여 이 일을 공자에게 알리며 말하였다.

"계손씨도 공백료의 말을 의심하고 있습니다. 제가 힘을 쓰면 자로의 결백을 입증하고 공백료를 죽여 시체를 거리에 내걸 수 있습니다."

"그냥 내버려두시오. 도道가 행해지는 것도 천명이고, 도가 행해지지 않는 것도 천명이오. 공백료 따위가 천명을 어찌할 수 있겠소?"

은둔 사상

공자가 말하였다.

"현자는 다음 네 가지로 피한다.

첫째, 세상이 어지러우면 세상을 피해 숨는다.

둘째, 나라가 어지러우면 다른 나라로 피한다.

셋째, 권력자가 무례하면 그 얼굴을 피한다.

넷째, 옳은 말이 받아들여지지 않으면 말을 피한다."

당시의 은자들

공자가 말하였다.

"혼란한 세상을 피해 숨어 버린 사람이 일곱 명이다."

문지기의 비웃음

어느 날 자로가 성문 근처에서 묵게 되었는데, 문지기가 물었다.

"어디서 오는 길이오?"

"공씨 댁에서 오는 길입니다."

"아, 안 될 것을 뻔히 알면서도 굳이 하는 사람 말이로군!"

세상에 집착함

공자가 위나라에 머물 때였다. 어느 날 숙소에서 경磬이라는 악기를 연주하고 있는데, 삼태기를 지고 대문 앞을 지나던 사람이 말하였다.

"흠, 음악 속에 큰 포부가 담겨 있구나."

순리에 따르라
公伯寮愬子路於季孫. 子服景伯以告曰, 夫子固有惑, 志於公伯寮, 吾力猶能肆諸市朝. 子曰, 道之將行也與, 命也, 道之將廢也與, 命也, 公伯寮其如命何.

은둔 사상
子曰, 賢者, 辟世, 其次, 辟地, 其次, 辟色, 其次, 辟言.

당시의 은자들
子曰, 作者七人矣.

문지기의 비웃음
子路宿於石門, 晨門曰, 奚自, 子路曰, 自孔氏, 曰, 是知其不可而爲之者與.

세상에 집착함
子擊磬於衛, 有荷蕢而過孔氏之門者, 曰, 有心哉, 擊磬乎. 旣而曰, 鄙哉,硜硜乎, 莫己知也, 斯已而已矣, 深則厲, 淺則揭. 子曰, 果哉, 末之難矣.

발길을 멈추고 한동안 공자의 연주에 귀를 기울이던 그 사람이 다시 말하였다.

"천박하구나, 저 고집쟁이. 세상이 자기를 알아주지 않으면 그만둘 것이지. '물이 깊으면 바지를 벗고 건너고, 얕으면 바지를 걷고 건넌다' 는 말도 모른단 말인가?"

공자가 그 말을 듣고 말하였다.

"저 사람은 세상을 미련 없이 단념했구나. 모든 일을 그런 식으로 생각한다면 어려울 게 없겠지."

*"물이 깊으면 바지를 벗고 건너고, 얕으면 바지를 걷고 건넌다"는 『시경』에 나오는 구절이다. 시대에 맞추어 융통성 있게 처신한다는 뜻.

삼년상과 국정 공백

자장이 공자에게 물었다.

"『서경』에 '은나라 임금 고종高宗은 삼년상을 치르는 동안 정치에 대해 말하지 않았다' 고 했습니다. 이 말이 무슨 뜻입니까?"

"고종만 그런 것이 아니다. 옛 사람들은 다 그렇게 하였다. 임금이 죽으면 모든 관리들이 스스로 직분에 충실하고, 3년 동안 총리의 지휘에 따랐다."

모범을 보이라

공자가 말하였다.

"윗자리에 있는 사람이 예의를 좋아하면 아랫사람을 다스리기 쉽다."

수기 치인

자로가 공자에게 물었다.

"군자가 되려면 어떻게 해야 합니까?"

"경건한 마음으로 인격을 수련해야 한다."

"그렇게만 하면 됩니까?"

"인격을 수련하여 남들을 편안하게 하여야 한다."

"그렇게만 하면 됩니까?"

"훌륭한 인품을 바탕으로 만백성을 편안하게 하여야 한다. 그러나 이것은 요순 같은 성인도 어려워한 일이다."

삼년상과 국정 공백
子張曰, 書云, 高宗諒陰三年不言, 何謂也. 子曰, 何必高宗, 古之人皆然, 君薨, 百官總己, 以聽於冢宰三年.

모범을 보이라
子曰, 上好禮則民易使也.

수기 치인
子路問君子. 子曰, 脩己以敬. 曰, 如斯而已乎. 曰, 脩己以安人. 曰, 如斯而已乎. 曰, 脩己以安百姓, 脩己以安百姓, 堯舜其猶病諸.

반사회적 인물

공자가 외출했다가 돌아와 보니 옛 친구인 원양이 거만하게 걸터앉아 기다리고 있었다.

"어려서는 공손하지 않았고, 자라서는 무엇 하나 이룬 것 없고, 늙어서는 죽지도 않으니 너야말로 도둑놈이다!"

공자가 이렇게 말하고는 지팡이로 그의 정강이를 쳤다.

*원양(原壤)은 도가적인 인물이었던 것 같다. 원양의 어머니가 죽었을 때 공자가 관을 손질해 주었는데, 그는 관 위에서 노래를 불렀다고 한다.

문제아 지도

공자가 한 나이 어린 제자에게 손님 안내하는 일을 맡겼다. 그러자 어떤 사람이 물었다.

"어려운 일을 맡기신 걸 보니 저 아이가 공부를 잘하는 모양이군요?"

"아닙니다. 평소에 저 아이를 보니 어른들 자리에 함부로 앉고, 선생들과 어깨를 나란히 하고 다니기를 좋아합니다. 공부를 잘하고 싶어하기보다는 빨리 어른이 되기를 바라는 것이지요. 그래서 예절을 가르치려고 손님 안내하는 일을 맡긴 것입니다."

반사회적 인물

原壤夷俟. 子曰, 幼而不孫弟, 長而無述焉, 老而不死, 是爲賊. 以杖叩其脛.

문제아 지도

闕黨童子將命. 或問之曰, 益者與. 子曰, 吾見其居於位也, 見其與先生並行也, 非求益者也, 欲速成者也.

衛靈公 위령공

15 당당한 삶, 비굴한 삶

흔들리지 않는 신념

노나라의 법무 장관으로 일하던 공자는 정국이 어지러워지자 벼슬을 버리고 위나라로 갔다. 60세 때의 일이다.

위나라 임금 영공靈公이 군사 전술에 대해 묻자 공자가 대답하였다.

"제기祭器를 배열하는 일이라면 일찍이 들은 것이 있지만, 군사 작전에 대해서는 아직 배우지 못했습니다."

공자 일행은 이튿날 위나라를 떠났다.

위나라를 떠나 초나라를 향해 가던 공자는 진나라 국경 지방을 지나다가 큰 어려움을 겪게 되었다. 당시 진나라는 오나라와 전쟁 중이었는데, 군인들 때문에 길이 막혀 오도가도 못하는 신세가 된 것이다.

식량이 바닥나고 수행하던 제자들이 병들어 일어나지 못하자, 자로가 화난 얼굴로 공자에게 따졌다.

"군자도 이렇게 곤궁한 지경에 빠집니까?"

"군자라야 이런 어려움을 굳게 견딜 수 있는 것이다. 소인은 곤궁해지면 탈선하고 만다."

지식과 지혜

공자가 자공에게 말하였다.

"너는 내가 박식하여 모든 이치를 안다고 생각하느냐?"

"예. 실제로 그렇지 않습니까?"

"아니다. 나는 하나의 도로 모든 일을 꿰뚫을 뿐이다."

낙심한 제자를 위로함

공자가 자로에게 말하였다.

"세상에는 도덕을 아는 사람이 드물구나!"

무위의 정치

공자가 말하였다.

"아무 하는 일 없이 천하를 잘 다스린 사람은 순임금이다. 그분

흔들리지 않는 신념
衛靈公問陳於孔子. 孔子對曰, 俎豆之事, 則嘗聞之矣, 軍旅之事, 未之學也. 明日遂行. 在陳絶糧, 從者病, 莫能興. 子路慍見曰, 君子亦有窮乎. 子曰, 君子固窮, 小人窮斯濫矣.

지식과 지혜
子曰, 賜也, 女以予爲多學而識之者與. 對曰, 然, 非與. 曰, 非也, 予一以貫之.

낙심한 제자를 위로함
子曰, 由, 知德者鮮矣.

무위의 정치
子曰, 無爲而治者, 其舜也與, 夫何爲哉, 恭己正南面而已矣.

이 무엇을 하였느냐? 공손한 몸가짐으로 임금 자리에 앉아 있었을 따름이다."

성공의 조건

자장이 공자에게 물었다.

"어떻게 하면 뜻을 펼칠 수 있습니까?"

"말을 성실하고 신의 있게 하고 행동을 돈독하고 공손하게 하면, 비록 야만의 나라에서도 뜻을 펼칠 수 있다. 그러나 말과 행동이 그렇지 못하면 자기 마을에서조차 뜻을 펼 수가 없다. 서 있을 때나 수레를 탔을 때나 성실·신의·돈독·공손 네 단어가 항상 눈앞에 어른거릴 정도가 되어야 비로소 뜻을 펼칠 수 있는 것이다."

자장은 이 말을 큰 띠에 기록해 두었다.

명철 보신

위나라 대부인 사어史魚와 거백옥蘧伯玉에 얽힌 유명한 이야기가 있다. 사어는 거백옥의 뛰어난 인품을 알아보고 임금 영공에게 추천하였다. 그러나 영공은 그의 말을 무시하고 미자하彌子瑕를 등용하였다. 그후에도 사어는 여러 차례 거백옥을 등용하라고 간하였으나 영공은 듣지 않았다.

마침내 사어는 뜻을 이루지 못한 채 병에 걸려 죽게 되었다. 그는 아들에게 이렇게 유언하였다.

"나는 임금의 잘못을 보고도 바로잡지 못했으니, 죽은 뒤에 예법을 따를 자격이 없다. 내가 죽거든 시체를 창문 밑에 버려 두어라."

그의 집에 조문 간 영공이 이상하게 여겨 아들에게 묻자 아들이 자초지종을 이야기하였다. 크게 뉘우친 영공은 미자하를 해임하고 거백옥을 등용하였다. 이 고사를 '사어의 시간屍諫'이라고 한다.

거백옥은 공자가 군자라는 평가를 내린 몇 안되는 사람 가운데 하나이다. '헌문' 편에는 공자가 거백옥의 사자를 칭찬하는 내용이 나온다.

공자가 말하였다.

"사어는 참으로 강직한 사람이구나! 나라가 평안할 때도 화살같이 꼿꼿하고, 나라가 어지러울 때도 화살같이 꼿꼿하였다.

거백옥은 참된 군자로구나! 나라가 평안할 때는 벼슬길에 나아가고, 나라가 어지러울 때는 큰 뜻을 가슴속에 감추고 물러설 줄 알았다."

성공의 조건
子張問行. 子曰, 言忠信, 行篤敬, 雖蠻貊之邦, 行矣. 言不忠信, 行不篤敬, 雖州里, 行乎哉. 立則見其參於前也, 在輿則見其倚於衡也, 夫然後行. 子張書諸紳.

명철 보신
子曰, 直哉, 史魚, 邦有道, 如矢, 邦無道, 如矢, 君子哉, 蘧伯玉, 邦有道, 則仕, 邦無道則可卷而懷之.

지혜로운 대인 관계

공자가 말하였다.

"말이 통할 만한 사람인데도 그와 이야기를 나누지 않으면 사람을 잃는 것이고, 말이 통하지 않는 사람과 이야기를 나누면 말을 잃는 것이다. 지혜로운 사람은 사람도 잃지 않고, 말도 잃지 않는다."

지사 정신

공자가 말하였다.

"뜻 있는 선비와 도덕적인 사람은 살기 위해 인仁을 포기하지 않고, 목숨을 바쳐 인을 이룬다."

*살신성인(殺身成仁)이라는 말이 여기서 나왔다.

기반을 다짐

자공이 공자에게 물었다.

"인仁을 실천하려면 어떻게 해야 합니까?"

"기술자가 일을 잘하려면 먼저 연장을 예리하게 다듬어야 한다. 마찬가지로 인을 실천하려면 우선 그 나라의 대부들 가운데 어진 사람을 선택해 섬기고, 선비들 가운데 도덕적인 사람을 선택해 사귀어야 한다."

문물 제도 정비

안회가 공자에게 물었다.

"어떻게 해야 나라가 잘 다스려질까요?"

"백성들이 농사 짓기에 편리한 하나라의 역법曆法을 쓰고, 검소하고 튼튼한 은나라의 수레를 타며, 의복 제도는 품위 있지만 사치스럽지 않은 주나라의 것을 본받고, 아름다운 순임금의 음악과 춤을 장려해야 한다. 그리고 정나라의 음악을 몰아내고 아첨꾼을 멀리해야 한다. 정나라 음악은 퇴폐적이고 아첨꾼은 위험하기 때문이다."

지혜로운 대인 관계
子曰, 可與言而不與言, 失人, 不可與言而與之言, 失言, 知者, 不失人, 亦不失言.

지사 정신
子曰, 志士仁人, 無求生以害仁, 有殺身以成仁.

기반을 다짐
子貢問爲仁. 子曰, 工欲善其事, 必先利其器, 居是邦也, 事其大夫之賢者, 友其士之仁者.

문물 제도 정비
顔淵問爲邦. 子曰, 行夏之時, 乘殷之輅, 服周之冕, 樂則韶舞, 放鄭聲, 遠佞人, 鄭聲, 淫, 佞人, 殆.

장기적인 안목

공자가 말하였다.

"사람이 멀리 생각하지 않으면 반드시 눈앞의 근심이 생긴다."

마치 본능처럼

공자가 말하였다.

"안타깝구나! 나는 아직 아름다운 여자를 좋아하듯 도덕을 좋아하는 사람을 보지 못하였다."

독점욕

공자가 노나라 대부 장문중에 대해 말하였다.

"장문중은 관직을 훔친 자이다. 유하혜柳下惠라는 어진 사람이 있는 것을 알면서도 그를 추천하지 않았다."

나에겐 엄하게, 남에겐 너그럽게

공자가 말하였다.

"자신의 과오는 무겁게 책망하고 남의 잘못은 가볍게 질책하면 저절로 원성이 멀어진다."

주체적인 노력

공자가 말하였다.

"문제를 해결하기 위해 곰곰히 생각하지 않는 사람은 나로서도 도와 줄 방법이 없다."

소인배들

공자가 말하였다.

"여럿이 모여 앉아 하루종일 이야기하면서도 정의에 대해서는 한마디도 하지 않고 자잘한 지혜만 자랑하는 자들은 희망이 없다."

장기적인 안목
子曰, 人無遠慮, 必有近憂.

마치 본능처럼
子曰, 已矣乎, 吾未見好德, 如好色者也.

독점욕
子曰, 臧文仲, 其竊位者與, 知柳下惠之賢, 而不與立也.

나에겐 엄하게, 남에겐 너그럽게
子曰, 躬自厚而薄責於人, 則遠怨矣.

주체적인 노력
子曰, 不曰如之何如之何者, 吾末如之何也已矣.

소인배들
子曰, 羣居終日, 言不及義, 好行小慧, 難矣哉.

군자의 본질

공자가 말하였다.

"군자는 의로움을 바탕으로 하고 예절에 맞게 행동하며, 겸손한 태도로 남을 대하고 신의를 통해 일을 성취한다. 이런 사람이 진짜 군자이다."

발전의 계기

공자가 말하였다.

"군자는 자기 능력이 부족한 것을 괴로워할 뿐, 남들이 알아주지 않는 것을 괴로워하지 않는다."

후세의 평가

공자가 말하였다.

"군자는 죽은 뒤에 이름이 남지 않을까 걱정한다."

자기 반성

공자가 말하였다.

"군자는 모든 일의 원인을 자신에게서 찾고, 소인은 남에게서 찾는다."

당당한 처신

공자가 말하였다.

"군자는 자긍심을 가지면서도 남과 우열을 다투지 않고, 사람들과 잘 어울리면서도 편가르기를 하지 않는다."

균형 잡힌 판단

공자가 말하였다.

"군자는 말하는 것을 보고 사람을 발탁하지 않으며, 사람됨이 변변치 못하다고 해서 그 사람의 말까지 무시하지 않는다."

군자의 본질
子曰, 君子義以爲質, 禮以行之, 孫以出之, 信以成之, 君子哉.

발전의 계기
子曰, 君子病無能焉, 不病人之不己知也.

후세의 평가
子曰, 君子疾沒世而名不稱焉.

자기 반성
子曰, 君子, 求諸己, 小人求諸人.

당당한 처신
子曰, 君子矜而不爭, 羣而不黨.

균형 잡힌 판단
子曰, 君子, 不以言擧人, 不以人廢言.

남을 내 몸처럼

자공이 공자에게 물었다.

"평생 교훈으로 삼을 만한 좋은 말 한마디가 있겠습니까?"

"그것은 바로 서恕이다. 내가 하고 싶지 않은 일을 남에게 시키지 말라는 것이다."

칭찬과 비난은 신중하게

공자가 말하였다.

"내가 사람들에 대해 누구를 비난하고 누구를 칭찬하더냐? 내가 만약 칭찬한다면, 그 사람이 충분히 검증되었기 때문이다. 우리 백성들은 하 · 은 · 주 삼대에 걸쳐 올바른 정치로 다스려 온 사람들이기 때문에, 함부로 칭찬하거나 비난할 수 없는 것이다."

정직함과 인정

공자가 말하였다.

"예전에는 사관史官이 역사를 기록할 때 분명치 않은 사실은 함부로 적지 않고, 말을 가진 사람이 남에게 빌려 주는 모습을 볼 수 있었다. 그러나 요즘은 그런 일이 사라졌다."

대장부의 풍모

공자가 말하였다.

"꾸며 대는 말은 양심을 어지럽히고, 작은 일을 참지 못하면 큰 계획을 그르친다."

여론의 함정

공자가 말하였다.

"누군가를 모든 사람이 미워한다 해도 반드시 잘 살펴보아야 하고, 사람들이 하나같이 누군가를 좋아한다 해도 반드시 잘 살펴보아야 한다."

남을 내 몸처럼
子貢問曰, 有一言而可以終身行之者乎. 子曰, 其恕乎, 己所不欲, 勿施於人.

칭찬과 비난은 신중하게
子曰, 吾之於人也, 誰毁誰譽, 如有所譽者, 其有所試矣. 斯民也, 三代之所以直道而行也.

정직함과 인정
子曰, 吾猶及史之闕文也, 有馬者借人乘之, 今亡矣夫.

대장부의 풍모
子曰, 巧言亂德, 小不忍, 則亂大謀.

여론의 함정
子曰, 衆惡之, 必察焉, 衆好之, 必察焉.

인간의 주체성

공자가 말하였다.

"사람이 도道를 넓히는 것이지 도가 사람을 넓히는 것은 아니다."

반성과 노력

공자가 말하였다.

"잘못이 있어도 고치지 않는 것, 그것이 바로 잘못이다."

내실 있는 공부

공자가 말하였다.

"내가 일찍이 종일 먹지 않고 밤새 자지 않으면서 사색에 몰두해 보았지만 유익한 것이 없었다. 그럴 시간이 있으면 독서를 하는 것이 낫다."

뿌리와 열매

공자가 말하였다.

"군자는 진리에 마음을 쓸 뿐 밥벌이에는 마음을 쓰지 않는다. 먹을 것을 위해 농사를 지어도 흉년이 들면 굶주릴 수 있고, 진리를 위해 학문을 해도 기회가 닿으면 관직에 오를 수 있다. 그러므로 군자는 진리를 걱정할 뿐 가난을 걱정하지 않는다."

능력 · 인격 · 권위 · 도덕

공자가 말하였다.

"지위에 걸맞는 능력을 지녔다 해도 인격이 뒷받침되지 않으면 반드시 자리를 잃게 된다. 능력과 인격을 갖추었다 해도 권위가 없으면 백성들이 공경하지 않는다. 능력 · 인격 · 권위를 모두 갖추었다 해도 도덕으로 백성들을 감화시키지 못하면 완벽한 정치가라고 할 수 없다."

인간의 주체성
子曰, 人能弘道, 非道弘人.

반성과 노력
子曰, 過而不改, 是謂過矣.

내실 있는 공부
子曰, 吾嘗終日不食, 終夜不寢, 以思, 無益, 不如學也.

뿌리와 열매
子曰, 君子謀道, 不謀食, 耕也, 餒在其中矣, 學也, 祿在其中矣, 君子憂道, 不憂貧.

능력 · 인격 · 권위 · 도덕
子曰, 知及之, 仁不能守之, 雖得之, 必失之. 知及之, 仁能守之, 不莊以涖之, 則民不敬. 知及之, 仁能守之, 莊以涖之, 動之不以禮, 未善也.

실무력과 지도력

공자가 말하였다.

"군자는 작은 재능을 기대할 수는 없지만 큰일을 맡길 수 있고, 소인은 큰일을 맡길 수는 없지만 작은 재능은 기대할 수 있다."

사랑의 고귀함

공자가 말하였다.

"사람에게 사랑은 물이나 불보다 더 소중한 것이다. 물이나 불 때문에 죽은 사람은 보았지만, 사랑을 베풀다가 죽은 사람은 보지 못하였다."

최고의 가치

공자가 말하였다.

"인仁을 실천하는 일은 스승에게도 양보하지 말아야 한다."

융통성

공자가 말하였다.

"군자는 대쪽같지만 작은 일에 얽매이지는 않는다."

일과 보수

공자가 말하였다.

"임금을 섬길 때, 우선 맡은 일을 성실히 하고 대가는 나중에 생각하도록 해라."

보통 교육

공자가 말하였다.

"교육에는 차별이 있을 수 없다."

실무력과 지도력
子曰, 君子不可小知而可大受也, 小人不可大受而可小知也.

사랑의 고귀함
子曰, 民之於仁也, 甚於水火, 水火, 吾見蹈而死者矣, 未見蹈仁而死者也.

최고의 가치
子曰, 當仁不讓於師.

융통성
子曰, 君子貞而不諒.

일과 보수
子曰, 事君敬其事, 而後其食.

보통 교육
子曰, 有敎無類.

동지(同志)

공자가 말하였다.

"뜻이 통하지 않는 사람과는 손잡고 일할 수 없다."

말과 글의 본질

공자가 말하였다.

"말과 글은 의사 소통의 수단일 뿐이므로 지나치게 꾸밀 필요가 없다."

장애인에 대한 예의

시각 장애인인 궁중 악사 면冕이라는 사람이 공자를 만나러 왔다. 그가 계단에 이르자 공자는 "계단이오" 하고, 자리에 이르자 "자리요" 하며 안내하였다. 그리고 모두 자리에 앉은 뒤에는 "아무개는 여기 있고 아무개는 저기 있소" 하며 일일이 소개하였다.

악사가 돌아간 뒤에 자장이 공자에게 물었다.

"그렇게 하는 것이 눈먼 사람을 대하는 도리입니까?"

"그렇다. 진실로 장애인을 돕는 방법이다."

동지(同志)

子曰, 道不同, 不相爲謀.

말과 글의 본질

子曰, 辭達而已矣.

장애인에 대한 예의

師冕見, 及階, 子曰, 階也, 及席, 子曰, 席也, 皆坐, 子告之曰, 某在斯某在斯. 師冕出, 子張問曰, 與師言之道與. 子曰, 然, 固相師之道也.

季氏 계씨

16 사람과 사람 사이

분배 정의, 민심 안정

노나라의 권세가 계손씨가 위성국인 전유顓臾를 정벌하려 했다. 그러자 계손씨의 가신으로 있는 염구와 자로가 공자를 찾아와 말하였다.

"선생님, 계손씨가 전유를 정벌할 계획을 세우고 있습니다."

공자는 그 동안 계손씨를 도와 백성을 수탈하는 데 앞장선 염구를 질책했다.

"염구야, 그게 다 네 잘못 아니냐? 전유는 옛부터 우리 노나라의 충실한 위성국인데 왜 함부로 침략하려 하느냐?"

염구가 당황해 하며 말하였다.

"이 정벌 계획은 그 분의 뜻일 뿐, 저희 두 사람은 동의하지 않습니다."

"옛날 문왕 때의 사관 주임周任은 '최선을 다해 직무를 수행하되 감당할 수 없거든 사직하라' 고 했다. 위험에 처했는데도 붙잡아 주지 못하고, 넘어지는데도 부축해 주지 못한다면 그런 안내인이 무슨 필요가 있겠느냐? 뿐만 아니라 너희들은 그 일에 책임이 없다는 말도 변명에 지나지 않는다. 갇혀 있던 호랑이나 들소가 우리 밖으로 뛰쳐나오고 상자 속에 담아 둔 보석이 깨졌다면, 그것을 지키는 사람이 책임져야 하지 않겠느냐?"

염구가 다시 말하였다.

"전유는 성곽이 튼튼한데다 지리적으로 계손씨의 영토인 비읍

費邑과 가깝습니다. 그러므로 지금 정복하지 않으면 뒷날 자손들의 걱정거리가 될 게 분명합니다."

"그만두어라! 군자는 탐욕을 감춘 채 다른 이유를 대는 짓을 미워한다. 그리고 내가 들으니 '나라를 다스리고 집안을 이끌어가는 사람은 물자가 부족한 것을 걱정하지 않고 균등하지 못함을 걱정하며, 가난한 것을 걱정하지 않고 편안하지 못함을 걱정한다'고 한다. 공평하고 균등하게 분배하면 가난할 이유가 없고, 서로 단합하면 인구 적은 것이 문제될 게 없으며, 백성들의 마음이 안정되면 나라가 흔들리지 않는 법이다. 그러므로 먼 지역의 사람들이 복종하지 않거든 문화와 도덕으로 감화시켜 스스로 따라오게 하고, 그들을 흡수한 뒤에는 편안히 살 수 있도록 돌보아 주어야 한다. 그런데 지금 너희들은 계손씨를 보필하면서 먼 지역 사람들이 복종하지 않아도 그들을 끌어안지 못하고, 나라가 분열되고 민심이 조각나는데도 이를 수습하지 못하면서 오히려 나라 안에서

분배 정의, 민심 안정

季氏將伐顓臾. 冉有季路見於孔子曰, 季氏將有事於顓臾. 孔子曰, 求, 無乃爾是過與. 夫顓臾, 昔者, 先王以爲東蒙主, 且在邦域之中矣, 是社稷之臣也, 何以伐爲. 冉有曰, 夫子欲之, 吾二臣者, 皆不欲也. 孔子曰, 求, 周任有言曰, 陳力就列, 不能者止, 危而不持, 顚而不扶, 則將焉用彼相矣. 且爾言過矣, 虎兕出於柙, 龜玉毁於櫝中, 是誰之過與. 冉有曰, 今夫顓臾, 固而近於費, 今不取, 後世必爲子孫憂. 孔子曰, 求, 君子疾夫舍曰欲之, 而必爲之辭. 丘也聞, 有國有家者, 不患寡而患不均, 不患貧而患不安, 蓋均, 無貧, 和, 無寡, 安, 無傾. 夫如是故, 遠人不服, 則修文德以來之, 旣來之, 則安之. 今由與求也, 相夫子, 遠人不服而不能來也, 邦分崩離析而不能守也, 而謀動干戈於邦內, 吾恐季孫之憂, 不在顓臾, 而在蕭牆之內也.

전쟁을 일으키려 하고 있다. 나는 계손씨의 걱정거리가 먼 전유에 있는 것이 아니라 자기 집 울타리 안에 있는 것 같아 걱정스럽구나."

하극상의 시대

공자가 말하였다.

"세상의 질서가 바로잡히면 사회 제도를 정하고 군사 작전을 지휘하는 권력이 천자에게 있고, 세상의 질서가 문란하면 그 권력이 제후에게 있다. 권력이 제후에게 있으면 10대 안에 나라가 망하지 않을 수 없고, 권력이 대부에게 있으면 5대 안에 망하지 않을 수 없다. 더욱이 가신이 정권을 쥐고 있다면 그 나라는 3대를 넘기기 어려울 것이다. 세상의 질서가 바로잡히면 한 나라의 권력이 일개 대부의 손에 있을 수 없고, 일반 백성들이 정치에 대해 사사롭게 의논하는 일이 없을 것이다."

노나라의 현실

노나라는 문공文公이 죽은 뒤 선공宣公 때부터 왕권이 쇠약해졌다. 그 이후로 성공成公 · 양공襄公 · 소공昭公 · 정공定公에 걸쳐서 노나라의 실권은 임금이 아닌 대부의 손에 있었다.

공자가 말하였다.

"관리 임면권이 노나라 조정을 떠난 지 5대가 되었고, 정권이 대부의 손에 들어간 지 4대가 되었다. 그러므로 삼환三桓의 자손들도 세력이 미약해지는 것이다."

*삼환(三桓)은 환공(桓公)의 후손으로 노나라의 세도가였던 중손(仲孫) · 숙손(叔孫) · 계손(季孫)을 가리킨다.

유익한 친구, 해로운 친구

공자가 말하였다.

"유익한 친구가 셋, 해로운 친구가 셋 있다. 정직한 사람 · 성실한 사람 · 학식 있는 사람을 사귀면 유익하고, 외모는 그럴 듯하지만 정직하지 못한 사람 · 아첨을 잘하지만 성실하지 못한 사람 · 말재주는 좋지만 내실이 없는 사람을 사귀면 해롭다."

하극상의 시대
孔子曰, 天下有道, 則禮樂征伐, 自天子出, 天下無道, 則禮樂征伐,自諸侯出. 自諸侯出, 蓋十世希不失矣, 自大夫出, 五世希不失矣, 陪臣執國命, 三世希不失矣. 天下有道, 則政不在大夫, 天下有道, 則庶人不議.

노나라의 현실
孔子曰, 祿之去公室五世矣, 政逮於大夫四世矣. 故夫三桓之子孫微矣.

유익한 친구, 해로운 친구
孔子曰, 益者三友, 損者三友. 友直, 友諒, 友多聞, 益矣. 友便辟, 友善柔, 友便佞, 損矣.

취미와 습관

공자가 말하였다.

"유익한 즐거움이 셋, 해로운 즐거움이 셋 있다. 절제된 예술을 감상하는 것 · 남의 장점을 칭찬하는 것 · 진실한 친구를 사귀는 것을 즐기면 유익하고, 교만과 쾌락에 빠지는 것 · 하는 일 없이 노니는 것 · 주색의 향연을 벌이는 것을 즐기면 해롭다."

대화의 기법

공자가 말하였다.

"윗사람과 대화할 때 저지르기 쉬운 잘못이 세 가지 있다. 말할 때가 되지 않았는데 말하는 것을 조급하다 하고, 말해야 할 때 말하지 않는 것을 숨긴다고 하고, 상대방의 기분을 살피지 않고 분별 없이 말하는 것을 눈뜬 장님이라고 한다."

생리와 심리

공자가 말하였다.

"군자가 일생 동안 경계해야 할 일이 세 가지 있다. 젊을 때는 혈기가 안정되지 않았으므로 성욕을 경계하고, 장년이 되어서는 혈기가 왕성하므로 투쟁을 경계하고, 노년이 되어서는 혈기가 쇠약하므로 탐욕을 경계해야 한다."

군자가 경외하는 것

공자가 말하였다.

"군자가 경외하는 것이 세 가지 있다. 자연의 섭리, 덕이 높은 사람, 성현의 말씀이 그것이다. 반대로 소인은 자연의 섭리를 알지 못하므로 두려워하지 않고, 덕이 높은 사람을 우습게 알며, 성현의 말씀을 조롱한다."

천재, 수재, 둔재, 바보

공자가 말하였다.

"사람의 자질은 네 등급으로 나눌 수 있다. 태어나면서부터 아

취미와 습관
孔子曰, 益者三樂, 損者三樂. 樂節禮樂, 樂道人之善, 樂多賢友, 益矣. 樂驕樂, 樂佚遊, 樂晏樂, 損矣.

대화의 기법
孔子曰, 侍於君子, 有三愆, 言未及之而言, 謂之躁, 言及之而不言, 謂之隱, 未見顔色而言, 謂之瞽.

생리와 심리
孔子曰, 君子有三戒, 少之時, 血氣未定, 戒之在色, 及其壯也, 血氣方剛, 戒之在鬪, 及其老也, 血氣旣衰, 戒之在得.

군자가 경외하는 것
孔子曰, 君子有三畏, 畏天命, 畏大人, 畏聖人之言. 小人不知天命而不畏也, 狎大人, 侮聖人之言.

천재, 수재, 둔재, 바보
孔子曰, 生而知之者, 上也, 學而知之者, 次也, 困而學之, 又其次也, 困而不學, 民斯爲下矣.

는 사람이 최상이고, 배워서 아는 사람이 그 다음이며, 애를 쓰며 배우는 사람이 세 번째이다. 그리고 애써 배우지도 않는 사람은 최하의 인간이다."

군자의 9계명

공자가 말하였다.

"군자는 항상 다음 9가지를 생각한다.

1. 무엇을 볼 때는 가려진 것 없이 분명히 보는 것을 생각한다.
2. 무엇을 들을 때는 막힌 것 없이 똑똑히 듣는 것을 생각한다.
3. 남을 대할 때는 온화한 표정을 생각한다.
4. 몸을 움직일 때는 공손한 태도를 생각한다.
5. 말을 할 때는 진실함을 생각한다.
6. 일을 할 때는 신중함을 생각한다.
7. 의심이 날 때는 즉시 물어보는 것을 생각한다.
8. 분통이 터질 때는 뒤에 닥쳐 올 환란을 생각한다.
9. 눈앞에 이득이 있을 때는 떳떳한 것인가를 생각한다."

개인적 실천, 사회적 실천

공자가 말하였다.

"선善을 보면 혹시 그것을 놓치지나 않을까 조바심치며 실천하고, 불선不善을 보면 마치 끓는 물에 손을 넣은 듯 서둘러 벗어나야 한다. 나는 그런 사람을 보기도 했고, 그런 말을 들은 적도 있다.

세상을 피해 은거하면서도 큰 뜻을 잃지 않고, 세상에 나와서는 정의를 실천하여 그 뜻을 이루어야 한다. 나는 그런 말은 들었지만, 그런 사람을 보지는 못하였다."

부귀와 정의

공자가 말하였다.

"제나라 군주 경공은 말을 4000필이나 가지고 있었지만, 그가 죽었을 때 칭송하는 사람이 없었다. 백이와 숙제는 수양산 아래서 굶어 죽었지만, 사람들은 오늘날까지 그들을 칭송하고 있다."

군자의 9계명
孔子曰, 君子有九思, 視思明, 聽思聰, 色思溫, 貌思恭, 言思忠, 事思敬, 疑思問, 忿思難, 見得思義.

개인적 실천, 사회적 실천
孔子曰, 見善如不及, 見不善如探湯, 吾見其人矣, 吾聞其語矣. 隱居以求其志, 行義以達其道, 吾聞其語矣, 未見其人也.

부귀와 정의
齊景公有馬千駟, 死之日, 民無德而稱焉. 伯夷叔齊餓于首陽之下, 民到于今稱之.

시경과 예기

어느 날 진항陳亢이라는 제자가 공자의 아들인 백어伯魚에게 물었다.

"자네는 선생님께 특별한 가르침을 받은 것이 있는가?"

"그런 것은 없습니다. 하루는 뜰을 지나가는데 혼자 서 계시던 아버지가 '너 『시경』을 배웠니?' 하고 물으셨습니다. '아직 배우지 않았어요' 하자 아버지는 '『시경』을 공부하지 않으면 남과 대화를 나눌 수 없단다' 하시더군요. 저는 그날부터 『시경』을 공부했습니다.

그 뒤 어느 날, 또 아버지가 혼자 계실 때 뜰을 지나가는데 '너 『예기』를 배웠니?' 하고 물으셨습니다. '아직 배우지 않았는데요' 하자 아버지는 '『예기』를 공부하지 않으면 남들 앞에 설 수가 없단다' 하시더군요. 그래서 그때부터 『예기』를 배웠습니다.

제가 들은 것은 이 두 가지입니다."

진항이 물러나와 기뻐하며 말하였다.

"한 가지를 질문해 세 가지를 얻었다네. 『시경』과 『예기』의 중요성을 알았고, 군자는 자기 아들도 다른 제자들과 다름없이 가르친다는 것을 알았네."

왕비의 호칭

임금이 자신의 아내를 부를 때는 부인夫人이라고 하고, 부인이 스스로를 칭할 때는 소동小童이라고 한다. 그 나라 사람들이 왕비를 부를 때는 군부인君夫人이라고 하고, 다른 나라 사람들에게 이야기할 때는 과소군寡小君이라고 하며, 다른 나라 사람들이 부를 때도 군부인이라고 한다.

시경과 예기
陳亢問於伯魚曰, 子亦有異聞乎. 對曰, 未也. 嘗獨立, 鯉趨而過庭. 曰, 學詩乎. 對曰, 未也. 不學詩, 無以言, 鯉退而學詩. 他日又獨立, 鯉趨而過庭, 曰, 學禮乎, 對曰, 未也, 不學禮, 無以立, 鯉退而學禮, 聞斯二者. 陳亢退而喜曰, 問一得三, 聞詩聞禮, 又聞君子之遠其子也.

왕비의 호칭
邦君之妻, 君稱之曰夫人, 夫人自稱曰小童, 邦人稱之曰君夫人, 稱諸異邦曰寡小君, 異邦人稱之亦曰君夫人.

陽貨 양화

17 군자의 공부법

뼈 있는 논쟁

노나라의 권력자 양화陽貨가 공자를 만나고 싶어했지만 공자는 만나 주지 않았다. 그러자 양화는 공자에게 삶은 돼지 한 마리를 예물로 보냈다. 공자는 그가 없는 틈을 타서 사례하러 갔다가 돌아오는 길에 양화와 마주쳤다. 양화가 말하였다.

"이리 오시오. 내 할 말이 있습니다. 보배 같은 재능을 품고서도 나라를 어지럽게 내버려두는 것을 인仁이라고 할 수 있습니까?"

"그렇다고 할 수 없습니다."

"일하기를 좋아하면서 몇 번이고 때를 놓치는 것을 지혜롭다고 할 수 있습니까?"

"그렇다고 할 수 없습니다."

"해와 달은 흘러가니, 세월은 우리를 기다려 주지 않습니다."

"알겠습니다. 저는 장차 정치에 참여할 것입니다."

*양화가 예물을 보낸 것은 예의를 잘 지키는 공자가 답례하러 찾아오도록 만든 것이다. 그리고 양화가 공자의 논리를 역이용하여 압박해 들어오자 공자는 막연한 대답으로 정면 대결을 피하였다. 공자의 마지막 대답에 숨은 뜻은 '나는 반드시 정치를 할 것이다. 그러나 당신 아래서 할 생각은 조금도 없다' 는 것이다.

교육과 환경의 중요성

공자가 말하였다.

"타고난 본성은 누구나 별 차이가 없지만 습관에 따라 서로 멀어진다."

교육의 한계

공자가 말하였다.

"다만 가장 지혜로운 사람과 가장 어리석은 사람은 변화시킬 수 없다."

예악의 정치

어느 날 공자는 제자 자유子游가 다스리는 무성武城을 방문하였다. 그런데 곳곳에서 거문고 소리와 노랫소리가 들려왔다. 공자가 빙그레 웃으며 자유에게 말하였다.

"닭을 잡는 데 소 잡는 큰 칼을 쓸 필요가 있겠느냐?"

"예전에 선생님은 '군자가 도道를 배우면 남을 사랑하게 되고, 소인이 도를 배우면 다스리기 쉽다' 고 말씀하시지 않았습니까?"

뼈 있는 논쟁
陽貨欲見孔子, 孔子不見, 歸孔子豚, 孔子時其亡也, 而往拜之, 遇諸塗. 謂孔子曰, 來, 予與爾言, 曰, 懷其寶而迷其邦, 可謂仁乎, 曰, 不可. 好從事而亟失時, 可謂知乎, 曰, 不可. 日月逝矣, 歲不我與, 孔子曰, 諾, 吾將仕矣.

교육과 환경의 중요성
子曰, 性相近也, 習相遠也.

교육의 한계
子曰, 唯上知與下愚, 不移.

예악의 정치
子之武城, 聞弦歌之聲. 夫子莞爾而笑曰, 割雞焉用牛刀, 子游對曰, 昔者, 偃也聞諸夫子曰, 君子學道則愛人, 小人學道則易使也, 子曰, 二三者, 偃之言, 是也, 前言, 戱之耳.

공자는 제자들을 돌아보며 말하였다.

"자, 방금 이 사람 말이 옳다. 아까 내가 한 말은 농담이었다."

*자유가 예악(禮樂)을 진흥시키는 현장을 본 공자는 흐뭇해 하며 "작은 고을을 다스리면서 군이 이렇게까지 할 필요가 있을까?" 하고 가볍게 한마디 던졌다. 그런데 자유가 진지하게 "작든 크든 도덕과 문화를 진흥시켜야 한다는 정치 원리는 마찬가지 아닙니까?" 하고 묻자, 공자도 얼른 진지한 자세로 대응한 것이다.

이상 정치를 재현함

계씨의 가신인 공산불요公山弗擾가 반란을 일으킨 뒤 공자를 초빙하였다. 공자가 가려고 하자 자로가 못마땅해 했다.

"정 가실 곳이 없으면 포기할 일이지, 하필이면 그에게 가려고 하십니까?"

"부질없이 나를 부른 것은 아닐 것이다. 나를 써 주는 사람이 있다면 나는 그 나라를 동쪽의 주나라로 만들겠다."

다섯 가지 미덕

자장이 공자에게 물었다.

"인仁이란 무엇입니까?"

"다섯 가지를 세상에 실현시킨다면 인이라고 할 수 있다."

"그 다섯 가지가 무엇입니까?"

"공손함, 너그러움, 신의, 민첩함, 은혜로움이다. 공손하면 남이 업신여기지 못하고, 너그러우면 대중이 따르고, 신의가 있으면 사람들이 의지하고, 민첩하면 공을 이루고, 은혜로우면 아랫사람을 부릴 수 있다."

확고한 자아

진나라 대부 조간자趙簡子의 가신인 필힐佛肸이 반란을 일으킨 뒤 공자를 초빙하였다. 공자가 가려고 하자 자로가 말하였다.

"예전에 선생님은 제게 '군자는 옳지 않은 짓을 하는 자의 무리에 끼지 않는다' 고 하셨습니다. 그런데 지금 반란을 일으킨 필힐에게 가시려 하는 건 무슨 까닭입니까?"

"그래. 그런 말을 한 적이 있지. 그러나 참으로 굳은 것은 갈아도 닳지 않고, 참으로 흰 것은 물들여도 검어지지 않는 법이다. 내가 어찌 고지식하게 조롱박처럼 한곳에 매달려 사람들이 따 먹지도 못하게 하겠느냐?"

이상 정치를 재현함
公山弗擾以費畔, 召, 子欲往. 子路不說曰, 末之也已, 何必公山氏之之也. 子曰, 夫召我者, 而豈徒哉, 如有用我者, 吾其爲東周乎.

다섯 가지 미덕
子張問仁於孔子, 孔子曰, 能行五者於天下, 爲仁矣. 請問之, 曰, 恭寬信敏惠, 恭則不侮, 寬則得衆, 信則人任焉, 敏則有功, 惠則足以使人.

확고한 자아
佛肸召, 子欲往, 子路曰, 昔者, 由也聞諸夫子, 曰, 親於其身爲不善者, 君子不入也. 佛肸以中牟畔, 子之往也, 如之何. 子曰, 然, 有是言也, 不曰堅乎, 磨而不磷, 不曰白乎, 涅而不緇, 吾豈匏瓜也哉, 焉能繫而不食.

학문의 뒷받침

공자가 자로에게 말하였다.

"너는 여섯 가지 미덕을 가리는 여섯 가지 병폐에 대해 들은 적이 있느냐?"

"아직 듣지 못했습니다."

"자. 거기 앉거라, 내가 말해 주마.

1. 인仁을 좋아하면서 학문을 좋아하지 않으면 그 병폐는 어리석음이다.

2. 지혜를 좋아하면서 학문을 좋아하지 않으면 그 병폐는 무절제함이다.

3. 신의를 좋아하면서 학문을 좋아하지 않으면 그 병폐는 남을 해치는 것이다.

4. 정직을 좋아하면서 학문을 좋아하지 않으면 그 병폐는 조급함이다.

5. 용기를 좋아하면서 학문을 좋아하지 않으면 그 병폐는 난폭함이다.

6. 굳셈을 좋아하면서 학문을 좋아하지 않으면 그 병폐는 경솔함이다."

시의 효능

공자가 제자들에게 말하였다.

"너희들 왜 시를 공부하지 않느냐? 시는 감흥을 일으키고, 세상 보는 눈을 길러 주며, 여럿이 어울리게 하고, 비정非情을 원망할 줄 알게 한다. 또 가까이는 부모에게 효도하고 멀리는 임금에게 충성하게 하며, 더불어 새와 짐승, 초목의 이름을 많이 알게 한다."

세상 일에 어두움

공자가 아들 백어에게 말하였다.

"너 『시경』 첫머리에 있는 '주남' 과 '소남' 을 배웠느냐? 사람으로서 '주남' 과 '소남' 을 배우지 않으면 마치 담장을 대면하고 서 있는 것과 같다."

*주남(周南)과 소남(召南)은 『시경』 첫머리에 있는 시편이다. 마음을 수양하고 사회에 참여하는 도리를 노래하였다.

학문의 뒷받침
子曰, 由也, 女聞六言六蔽矣乎, 對曰, 未也, 居, 吾語女, 好仁不好學, 其蔽也愚, 好知不好學, 其蔽也蕩, 好信不好學, 其蔽也賊, 好直不好學, 其蔽也絞, 好勇不好學, 其蔽也亂, 好剛不好學, 其蔽也狂.

시의 효능
子曰, 小子何莫學夫詩, 詩, 可以興, 可以觀, 可以羣, 可以怨, 邇之事父, 遠之事君, 多識於鳥獸草木之名.

세상 일에 어두움
子謂伯魚曰, 女爲周南召南矣乎, 人而不爲周南召南, 其猶正牆面而立也與.

예악의 근본은 마음

공자가 말하였다.

"사람들이 '예의를 알아야 한다, 예의를 알아야 한다' 하는 것이 어찌 옥과 비단 같은 예물을 가리키는 것이겠는가? '음악을 알아야 한다, 음악을 알아야 한다' 하는 것이 어찌 종과 북 같은 악기를 가리키는 것이겠는가?"

명예를 훔친 사람

공자가 말하였다.

"겉모습을 위엄 있게 꾸미고 있지만 속마음은 비겁하고 나약한 사람이 있다. 이런 자는 마치 남의 집 벽을 뚫고 담을 넘어 물건을 훔치면서 항상 남이 알까 봐 조바심 치는 좀도둑과 같다."

대중에 영합하는 사람

공자가 말하였다.

"겉으로 점잖은 체하여 순박한 시골 사람들로부터 칭송을 듣는 위선자는 도덕을 해치는 도적이다."

내 것으로 소화시켜라

공자가 말하였다.

"큰길에서 들은 것을 깊이 생각해 보지도 않고 골목길에 들어와 그대로 다른 사람에게 전하며 아는 체하는 것은 인격을 포기하는 행위이다."

암세포 같은 자들

공자가 말하였다.

"이익에 눈이 뒤집힌 야비한 자들과는 함께 임금을 섬길 수 없다. 그들은 직위를 얻기 전에는 그것을 얻기 위해 고심하고, 얻은 뒤에는 그것을 잃지나 않을까 고민한다. 그런 자들은 기득권을 지키기 위해서라면 수단 방법을 가리지 않는다."

예악의 근본은 마음
子曰, 禮云禮云, 玉帛云乎哉, 樂云樂云, 鐘鼓云乎哉.

명예를 훔친 사람
子曰, 色厲而內荏, 譬諸小人, 其猶穿窬之盜也與.

대중에 영합하는 사람
子曰, 鄕愿, 德之賊也.

내 것으로 소화시켜라
子曰, 道聽而塗說, 德之棄也.

암세포 같은 자들
子曰, 鄙夫, 可與事君也與哉, 其未得之也, 患得之, 旣得之, 患失之, 苟患失之, 無所不至矣.

인간성의 타락

공자가 말하였다.

"옛날에는 사람들에게 세 가지 병폐가 있었는데 지금은 그것조차 사라져 버렸구나. 지난날 뜻이 큰 사람은 자유 분방하여 작은 도덕에 얽매이지 않는 것이 문제였는데, 요즘 뜻이 큰 사람은 그저 방종하고 방탕할 뿐이다. 지난날 자존심 센 사람은 지나치게 모난 것이 문제였는데, 요즘 자존심 센 사람은 싸움질만 좋아한다. 그리고 지난날 어리석은 사람은 고지식한 게 문제였는데, 요즘 어리석다는 사람은 교활하게 우직한 척 가장한 자들이구나."

경계해야 할 사람

공자가 말하였다.

"듣기 좋은 말만 골라 하고 웃는 얼굴빛으로 남의 비위를 맞추는 사람치고 양심적인 사람은 드물다."

*『학이(學而)』 편에도 같은 문장이 나온다.

불의가 이기는 것

공자가 말하였다.

"나는 자주색이 붉은색을 빼앗는 것을 미워하고, 음탕한 정나라 음악이 아악雅樂을 어지럽히는 것을 미워하며, 간사한 자의 말이 나라를 뒤엎는 것을 미워한다."

*적색은 원색이고, 자주색은 적색과 청색을 혼합한 것이다.

말과 진리

공자가 말하였다.

"나는 앞으로 말을 하지 않으려 한다."

자공이 물었다.

"선생님께서 말씀하지 않으시면 저희들은 어떻게 진리를 배우고 전합니까?"

"하늘이 무슨 말을 하더냐? 천체가 운행하여 사계절이 생기고 만물이 자라날 뿐, 하늘이 무슨 말을 하더냐?"

인간성의 타락
子曰, 古者民有三疾, 今也或是之亡也. 古之狂也肆, 今之狂也蕩, 古之矜也廉, 今之矜也忿戾, 古之愚也直, 今之愚也詐而已矣.

경계해야 할 사람
子曰, 巧言令色, 鮮矣仁.

불의가 이기는 것
子曰, 惡紫之奪朱也, 惡鄭聲之亂雅樂也, 惡利口之覆邦家者.

말과 진리
子曰, 予欲無言, 子貢曰, 子如不言, 則小子何述焉, 子曰, 天何言哉, 四時行焉, 百物生焉, 天何言哉.

반성을 촉구함

노나라 관리 유비孺悲가 공자를 만나러 왔다. 공자는 몸이 아프다는 이유로 사절하였다. 그러나 말을 전하는 사람이 문을 나서자 거문고를 타며 노래를 불러 그로 하여금 듣게 하였다.

자연스런 인간의 감정

제자 재아宰我가 공자에게 물었다.

"부모가 돌아가신 뒤 치르는 3년상三年喪은 기간이 너무 긴 것 같습니다. 왜냐하면 군자가 3년 동안이나 도덕·문화 활동을 중단하면 그것들이 몹시 퇴보할 것이기 때문입니다. 그리고 자연의 이치를 보아도 1년 주기로 모든 것이 새로워지므로 1년만에 상을 마치는 것이 어떨까요?"

공자가 되물었다.

"부모가 돌아가신 지 1년만에 쌀밥을 먹고 비단옷을 입어도 네 마음이 편하겠느냐?"

"예. 그럴 것 같습니다."

"네 마음이 편할 것 같으면 그렇게 하거라. 군자는 상을 당했을 때 기름진 음식을 먹어도 맛있지 않고, 음악을 들어도 즐겁지 않고, 안락하게 지내도 마음이 편하지 않기 때문에 3년상을 하는 것이다. 그런데도 유독 너만 마음이 편하다면 네 생각대로 해라."

재아가 나가자 공자는 다른 제자들에게 말하였다.

"재아는 정말 양심이 없구나. 자식은 태어난 지 3년 뒤라야 부모 품을 벗어날 수 있다. 그런 부모의 은공에 보답하는 마음으로 세상 사람들이 다 3년상을 지내는 것이다. 저도 3년 동안 부모의 사랑을 받았을 것 아니냐?"

무위도식

공자가 말하였다.

"배불리 먹고 하루 종일 빈둥대는 건 참 딱한 일이다. 장기와 바둑이 있지 않느냐? 멍하니 시간을 보내느니 그런 것이라도 하는 게 낫다."

반성을 촉구함
孺悲欲見孔子, 孔子辭以疾, 將命者出戶, 取瑟而歌, 使之聞之.

자연스런 인간의 감정
宰我問三年之喪, 期已久矣, 君子三年不爲禮, 禮必壞, 三年不爲樂, 樂必崩, 舊穀旣沒, 新穀旣升, 鑽燧改火, 期可已矣. 子曰, 食夫稻, 衣夫錦, 於女安乎, 曰, 安, 女安, 則爲之, 夫君子之居喪, 食旨不甘, 聞樂不樂, 居處不安, 故不爲也, 今女安, 則爲之. 宰我出, 子曰, 予之不仁也, 子生三年然後免於父母之懷. 夫三年之喪, 天下之通喪也, 予也有三年之愛於其父母乎.

무위도식
子曰, 飽食終日, 無所用心, 難矣哉, 不有博奕者乎, 爲之猶賢乎已.

용맹과 정의

자로가 공자에게 물었다.

"군자도 용맹을 숭상합니까?"

"군자는 정의를 으뜸으로 삼는다. 군자가 용맹하기만 하고 정의롭지 못하면 반란을 일으키고, 소인이 용맹하기만 하고 정의롭지 못하면 도둑질을 하게 된다."

군자가 미워하는 것

자공이 공자에게 물었다.

"선생님 같은 인격자도 미워하는 것이 있습니까?"

"물론 미워하는 것이 있다. 남의 약점을 들추어 내는 것, 괜히 윗사람을 비방하는 것, 용맹스럽지만 무례한 것, 과감하지만 꽉 막힌 것을 미워한다."

이번엔 공자가 같은 질문을 했다.

"너도 미워하는 것이 있느냐?"

"예. 저는 슬쩍 엿보고 아는 체하는 것, 불손한 것을 용감한 것으로 착각하는 것, 남의 비밀을 폭로함으로써 정직한 체하는 것을 미워합니다."

공자의 시대적 한계

공자가 말하였다.

"여자와 소인은 다루기 어렵다. 가까이하면 버릇없이 굴고, 멀리하면 원망한다."

얼굴을 책임질 나이

공자가 말하였다.

"나이 40이 되어서도 남에게 미움을 받는다면 그야말로 끝장이다."

용맹과 정의
子路曰, 君子尙勇乎, 子曰, 君子義以爲上, 君子有勇而無義, 爲亂, 小人有勇而無義, 爲盜.

군자가 미워하는 것
子貢曰, 君子亦有惡乎, 子曰, 有惡, 惡稱人之惡者, 惡居下流而訕上者, 惡勇而無禮者, 惡果敢而窒者. 曰, 賜也, 亦有惡乎, 惡徼以爲知者, 惡不孫以爲勇者, 惡訐以爲直者.

공자의 시대적 한계
子曰, 唯女子與小人爲難養也, 近之則不孫, 遠之則怨.

얼굴을 책임질 나이
子曰, 年四十而見惡焉, 其終也已.

微子 미자

18 난세의 지식인

세 가지 길

은나라의 마지막 임금 주왕紂王은 포악하기로 이름높았다. 주왕이 폭정을 일삼자 미자微子는 떠나갔고, 기자箕子는 미친 척하다가 노예가 되었고, 비간比干은 간언하다가 죽임을 당하였다.

이 일에 대해 공자는 이렇게 말하였다.

"은나라에 어진 이가 세 분 있었다."

*미자, 기자, 비간은 모두 주왕의 척족이었다. 미자와 비간은 주왕의 이복형이고 기자는 주왕의 숙부였다. 주왕이 방탕한 생활을 하며 폭군의 길을 가자 이 세 사람은 끈질기게 주왕을 설득했으나 끝내 뜻을 이루지 못하였다. 세 사람이 걸은 길은 난세를 맞은 지식인의 전형적인 행로를 보여준다.

양심적인 공직자

노나라의 현인 유하혜柳下惠는 사법관 벼슬에서 세 차례나 파면당하였다. 어떤 사람이 그에게 말하였다.

"선생은 왜 이런 나라를 떠나지 않습니까?"

"양심을 지켜 직무를 수행한다면 어느 나라에 간들 세 번쯤 쫓겨나지 않을 수 있겠습니까? 또 그러지 않고 적당히 타협하며 자리를 지킬 생각이라면 굳이 조국을 떠날 필요가 있겠습니까?"

임금의 고뇌

제나라 임금 경공이 공자를 등용하기로 마음먹고 가까운 신하와 공자의 대우 문제를 논의하였다. 경공이 말하였다.

"노나라 최고 귀족인 계씨와 같이 대우하기는 어렵지만, 계씨와 맹씨의 중간 정도로 대우할 수는 있다."

그러나 며칠 더 고민하던 경공은 끝내 공자를 등용하지 않는 쪽으로 생각을 바꾸었다.

"내가 이미 늙어서 공자 같은 인물을 쓸 자신이 없구나."

이 말을 전해 들은 공자는 제나라를 떠났다.

혼란의 기미

공자가 정치 일선에서 활동하면서 여러 업적을 남긴 것은 노나라 정공定公 때였다. 특히 55세 때인 정공 14년에 대사구大司寇라는 요직을 맡아 노나라의 면모를 일신시켜 나갔다. 그러자 위기감을 느낀 이웃 제나라가 이를 저지하기 위해 춤 잘 추는 미녀 80명을

세 가지 길
微子去之, 箕子爲之奴, 比干諫而死. 孔子曰, 殷有三仁焉.

양심적인 공직자
柳下惠爲士師, 三黜. 人曰, 子未可以去乎, 曰, 直道而事人, 焉往而不三黜, 枉道而事人, 何必去父母之邦.

임금의 고뇌
齊景公待孔子曰, 若季氏, 則吾不能, 以季孟之間待之. 曰, 吾老矣, 不能用也. 孔子行.

혼란의 기미
齊人歸女樂, 季桓子受之, 三日不朝, 孔子行.

뽑아 노나라로 보내왔다.

어느 날 제나라에서 미녀들로 구성된 악대를 보내왔다. 계환자季桓子가 이를 받아들여 임금과 신하들이 모인 가운데 조정에서 3일 동안 연주하게 하고, 그 동안은 조회도 열지 않았다. 그러자 공자는 관직을 버리고 조국을 떠났다.

접여의 충고

공자가 초나라로 가려고 할 즈음이었다. 어느 날 길을 가고 있는데, 일부러 미친 척하며 세상을 피해 사는 초나라의 은자 접여接輿가 노래를 부르며 공자의 수레 앞을 지나갔다.

봉황새야, 봉황새야
쇠한 덕을 어찌할까

지난 일이야 어쩔 수 없지만
오는 일은 하기 나름이지

그만두라, 그만두라
요즘 정치 위태롭다.

공자가 수레에서 내려와 이야기를 나누려 했지만, 그는 급히 달아나 버렸다.

세상을 향한 정열

공자가 제자들과 더불어 길을 가는데, 앞에 큰 강이 나타났다. 공자는 자로를 시켜 저만치서 나란히 밭을 갈고 있는 두 사람에게 나루터 가는 길을 물어보게 하였다. 그들은 혼탁한 세상을 등지고 숨어 사는 장저長沮와 걸익桀溺이었다. 자로가 두 사람에게 다가가서 나루터 가는 길을 묻자 장저가 되물었다.

"저기 수레에 올라앉아 고삐를 쥐고 있는 사람은 누군가?"

"공구라는 분입니다."

"저 사람이 노나라의 공구란 말인가?"

"그렇습니다."

"공구라면 나루터 가는 길쯤은 알고 있을 텐데."

장저는 이렇게 비아냥대고는 제 할 일을 계속했다. 자로는 할

접여의 충고
楚狂接輿歌而過孔子, 曰, 鳳兮鳳兮, 何德之衰, 往者不可諫, 來者猶可追, 已而已而, 今之從政者殆而. 孔子下, 欲與之言, 趨而辟之, 不得與之言.

세상을 향한 정열
長沮桀溺耦而耕, 孔子過之, 使子路問津焉. 長沮曰, 夫執輿者爲誰, 子路曰, 爲孔丘, 曰, 是魯孔丘與, 曰, 是也, 曰, 是知津矣. 問於桀溺, 桀溺曰, 子爲誰, 曰, 爲仲由, 曰, 是魯孔丘之徒與, 對曰, 然, 曰, 滔滔者, 天下皆是也, 而誰以易之, 且而與其從辟人之士也, 豈若從辟世之士哉, 耰而不輟. 子路行以告, 夫子憮然曰, 鳥獸不可與同羣, 吾非斯人之徒與, 而誰與, 天下有道, 丘不與易也.

수 없이 걸익에게 다시 물어보았다. 그도 자로에게 되물었다.

"그런데 자네는 누군가?"

"중유라고 합니다."

"공구라는 사람의 제자인가?"

"그렇습니다."

"온 세상에 흙탕물이 가득 차 거세게 흘러가는데 누가 그것을 바꿀 수 있단 말인가? 그러니 자네도 나쁜 사람을 피해 이리저리 떠도는 공구 같은 사람을 따라다니는 것보다는 우리처럼 어지러운 세상을 피해 사는 사람을 따르는 게 나을 걸세."

걸익도 더 이상 자로를 거들떠보지 않고 밭일만 계속했다.

자로가 돌아와서 그들이 한 이야기를 전하자 공자는 탄식하며 말하였다.

"새나 짐승과는 더불어 살 수 없으니, 내가 세상 사람들과 더불어 살지 않고 누구와 같이 살겠느냐? 만약 세상에 질서가 잡혀 있다면 내가 구태여 개혁하려고 애쓰지도 않을 것이다."

*구(丘)는 공자의 이름, 중유(仲由)는 자로의 이름.

개인 윤리, 사회 윤리

자로가 공자를 수행하다가 뒤에 처지게 되었다. 발걸음을 재촉해 일행을 찾고 있는데 마침 지팡이에다 삼태기를 매달아 어깨에 걸친 노인과 마주쳤다. 자로가 노인에게 물었다.

"어르신, 혹시 저희 선생님을 보지 못하셨습니까?"

"사지가 멀쩡한데 부지런히 일하지 않고, 오곡五穀도 분간할 줄 모르는 사람이 무슨 선생인가?"

노인은 퉁명스레 대꾸하고는 지팡이를 밭에 꽂아 놓고 김을 매기 시작했다. 노인이 보통 사람이 아니라는 걸 감지한 자로는 내내 두 손을 마주잡고 공손히 서 있었다.

노인은 자로를 집으로 데려가 하룻밤 묵게 하고는 닭을 잡고 기장밥을 지어 대접하고, 자기 두 아들을 불러 인사를 시켰다.

이튿날 일행을 만난 자로는 공자에게 그 노인 이야기를 했다. 공자는 "숨어 사는 분이로구나" 하고는, 자로에게 다시 가서 만나 보라고 하였다. 자로가 다시 가 보았지만 노인은 이미 떠난 뒤였다.

자로는 그 집 사람들에게 말하였다.

"사회에 참여하지 않으면 정의라는 것이 있을 수 없습니다. 우리는 어른과 젊은이 사이의 예절도 폐지하지 못하는데, 어떻게 임금과 신하의 대의를 포기할 수 있겠습니까? 사회에 참여하지 않는 것은 자기 한몸을 고결하게 지키기 위해 더 큰 윤리를 어지럽히는

개인 윤리, 사회 윤리

子路從而後, 遇丈人, 以杖荷蓧, 子路問曰, 子見夫子乎, 丈人曰, 四體不勤, 五穀不分, 孰爲夫子, 植其杖而芸. 子路拱而立, 止子路宿, 殺雞爲黍而食之, 見其二子焉. 明日, 子路行以告, 子曰, 隱者也, 使子路反見之, 至則行矣. 子路曰, 不仕無義, 長幼之節, 不可廢也, 君臣之義, 如之何其廢之, 欲潔其身而亂大倫. 君子之仕也, 行其義也, 道之不行, 已知之矣.

것일 뿐입니다. 군자가 관직에 나가는 것은 끝까지 정의를 실현하기 위해서이지, 세상을 개혁하기가 어렵다는 것을 몰라서가 아닙니다."

은자들을 평함

학문과 덕행을 지니고도 세상을 피해 숨어산 사람으로는 백이·숙제·우중·이일·주장·유하혜·소련이 있다.

공자가 이들에 대해 말하였다.

"뜻을 굽히지 않고 몸을 더럽히지도 않은 사람은 백이와 숙제이다. 유하혜와 소련은 뜻을 굽히고 몸을 욕되게 하였지만, 말이 도리에 맞고 행동에 분별이 있었으니, 그들은 그 정도 수준이었다. 우중과 이일은 숨어 살면서 말을 마음대로 하였지만, 행실이 깨끗했고 세상을 등진 것도 시기와 방법이 적절했다. 그러나 나는 이들과 달라서, 반드시 해야만 한다는 것도 없고 해서는 안 된다는 것도 없다."

노나라를 떠난 사람들

노나라 음악의 총 책임자였던 태사太師 지는 제나라로 갔다. 아반 간은 초나라로 가고, 삼반 료는 채나라로 가고, 사반 결은 진나라로 갔다. 북을 치던 방숙方叔은 황하로 가고, 작은 북을 흔들던 무武는 한수漢水로 가고, 악관을 보좌하던 양陽과 경쇠를 치던 양襄

은 바닷가로 갔다.

*임금이 식사할 때 맛을 돋우기 위해 음악을 연주했는데, 아반(亞飯), 삼반(三飯), 사반(四飯)은 각각 식사의 종류이자 그 식사 때 음악을 담당하는 관직명이다. 지(摯), 간(干), 료(繚), 결(缺), 방숙, 무, 양은 모두 사람 이름이다.

지도자의 덕목

주공周公이 노나라 제후로 임명되어 떠나는 아들 백금伯禽에게 훈계하였다.

"지도자는 자기 친족을 버리지 않으며, 신하들로 하여금 자기 의견을 받아 주지 않는다고 원망하게 하지 않는다. 또 오랫동안 일해 온 사람은 큰 잘못이 없는 한 버리지 않으며, 한 사람에게 모든 것이 갖추어져 있기를 바라지 않는다."

은자들을 평함

逸民, 伯夷, 叔齊, 虞仲, 夷逸, 朱張, 柳下惠, 少連. 子曰, 不降其志, 不辱其身, 伯夷叔齊與, 謂柳下惠, 少連, 降志辱身矣, 言中倫, 行中慮, 其斯而已矣. 謂虞仲, 夷逸, 隱居放言, 身中淸, 廢中權. 我則異於是, 無可無不可.

노나라를 떠난 사람들

大師摯適齊, 亞飯干適楚, 三飯繚適蔡, 四飯缺適秦, 鼓方叔入於河, 播鼗武入於漢, 少師陽, 擊磬襄入於海.

지도자의 덕목

周公謂魯公曰, 君子不施其親, 不使大臣怨乎不以, 故舊無大故, 則不棄也, 無求備於一人.

주나라 여덟 선비

주나라에 여덟 선비가 있었으니, 백달 · 백괄 · 중돌 · 중홀 · 숙야 · 숙하 · 계수 · 계와가 그들이다.

주나라 여덟 선비

周有八士, 伯達, 伯适, 仲突, 仲忽, 叔夜, 叔夏, 季隨, 季騧.

子張 자장

19 제자들이 남긴 말

선비의 자격

자장이 말하였다.

"선비는 정의를 위하여 목숨을 바치고, 재물을 얻을 때는 정당한 것인지를 먼저 생각한다. 제사 지낼 때는 정성을 다하고, 상을 당했을 때는 진심으로 슬퍼한다. 이 네 가지를 실천한다면 선비 자격이 있다."

있으나마나

자장이 말하였다.

"덕德을 지녔지만 확충하지 못하고 도道를 믿지만 진실하지 못하다면, 이런 사람에 대해 도덕이 있다, 없다를 이야기할 수 없다."

원칙과 포용력

자하의 제자가 자장에게 '사람 사귀는 법'을 묻자 자장이 말하였다.

"너희 선생님은 어떻게 말하더냐?"

"좋은 사람과는 사귀고, 좋지 못한 사람은 멀리하라고 하셨습니다."

"내가 아는 것과는 차이가 있구나. 군자는 어진 사람을 존경하지만 대중도 포용하며, 선한 사람을 칭찬하지만 그렇지 못한 사람도 가엾게 여긴다. 만약 내가 훌륭한 사람이라면 누구든 나를 받아들일 테고, 내가 훌륭하지 못하다면 남들이 나를 멀리할 것이다. 그러므로 어떻게 내가 먼저 사람들을 멀리할 수 있겠는가?"

정신 노동

자하가 말하였다.

"전문적인 기술이나 재능도 배워 볼 만한 것이지만, 군자는 진리 탐구의 먼 길에 방해가 될까 두려워 그런 것들을 하지 않는다."

꾸준한 노력

자하가 말하였다.

"날마다 자기가 모르던 것들을 알아내고, 달마다 이미 익힌 것

선비의 자격
子張曰, 士見危致命, 見得思義, 祭思敬, 喪思哀, 其可已矣.

있으나마나
子張曰, 執德不弘, 信道不篤, 焉能爲有. 焉能爲亡.

원칙과 포용력
子夏之門人, 問交於子張. 子張曰, 子夏云何, 對曰, 子夏曰, 可者與之, 其不可者拒之, 子張曰, 異乎吾所聞, 君子尊賢而容衆, 嘉善而矜不能, 我之大賢與, 於人何所不容, 我之不賢與, 人將拒我, 如之何其拒人也.

정신 노동
子夏曰, 雖小道, 必有可觀者焉, 致遠恐泥, 是以君子不爲也.

꾸준한 노력
子夏曰, 日知其所亡, 月無忘其所能, 可謂好學也已矣.

들을 잊지 않기 위해 복습한다면 학문을 좋아하는 사람이라고 할 수 있다."

진리는 가까운 곳에

자하가 말하였다.

"폭넓게 배우고 뜻을 독실히 하며, 절실히 탐구하고 먼 것보다는 가까운 것을 생각하면 인仁은 그 가운데 있다."

배움에 힘쓰라

자하가 말하였다.

"기술자는 공장에 있어야 일을 성취할 수 있고, 군자는 학문을 연구해야 진리에 이를 수 있다."

더 큰 잘못

자하가 말하였다.

"소인은 잘못이 있으면 반드시 변명하려 한다."

조화로운 인품

자하가 말하였다.

"군자는 세 가지로 변모한다. 멀리서 바라보면 위엄 있고, 가까이 다가가 보면 온화하고, 말하는 것을 들어 보면 명쾌하다."

믿음의 힘

자하가 말하였다.

"정치가는 먼저 백성들의 신뢰를 얻은 뒤에 일을 시켜야 한다. 신뢰도 없는 상태에서 일을 시키면 백성들은 괴롭힌다고 생각하기 때문이다. 윗사람에게도 신임을 얻은 뒤에 충고해야 한다. 만일 신임을 얻기도 전에 충고하면 헐뜯는다고 생각하기 때문이다."

부분적인 융통성

자하가 말하였다.

"인간 생활의 근본이 되는 큰 도덕이 한계를 벗어나지 않는다면, 사소한 예절은 좀 들쭉날쭉해도 상관없다."

진리는 가까운 곳에
子夏曰, 博學而篤志, 切問而近思, 仁在其中矣.

배움에 힘쓰라
子夏曰, 百工居肆以成其事, 君子學以致其道.

더 큰 잘못
子夏曰, 小人之過也, 必文.

조화로운 인품
子夏曰, 君子有三變, 望之儼然, 卽之也溫, 聽其言也厲.

믿음의 힘
子夏曰, 君子信而後勞其民, 未信, 則以爲厲己也, 信而後諫, 未信, 則以爲謗己也.

부분적인 융통성
子夏曰, 大德不踰閑, 小德出入可也.

동양의 교육 철학

자유가 말하였다.

"자하의 제자들은 집안을 청소하고 손님을 접대하는 등 자잘한 일은 잘하는데, 근본이 되는 학문이 없으니 한심한 노릇이구나."

이 말을 전해 들은 자하가 말하였다.

"아, 자유는 큰 착각을 하고 있구나. 군자의 도리를 가르치는데 어느 것은 중요하다 하여 먼저 가르치고, 어느 것은 부차적이다 하여 게을리할 수 있겠는가? 다만 풀과 나무도 여러 종류가 있듯이 배우는 사람의 자질에도 차이가 있으므로 단계별로 가르쳐 나갈 따름이다. 단계를 무시하고 처음부터 심오한 진리를 가르친다면 그것은 제자들을 속이는 것이다. 근본적인 것부터 자잘한 것까지 모든 것을 갖춘 사람은 오직 성인뿐이다."

동전의 양면

자하가 말하였다.

"관직에 있으면서도 여력이 있으면 학문을 연구하고, 학문을 하면서도 여력이 있으면 관직에 나가는 것이다."

예의 근본은 마음

자유가 말하였다.

"상을 당했을 때 가장 중요한 일은 진심으로 슬퍼하는 것이다."

능력에 못미치는 인격

자유가 말하였다.

"내 친구 자장은 어려운 일도 잘 해내지만 마음이 인자하지는 않다."

외모에 못미치는 내면

증자가 말하였다.

"자장은 위풍당당하지만 그와 더불어 인仁을 실천하기는 어렵다."

동양의 교육 철학
子游曰, 子夏之門人小子, 當灑掃應對進退, 則可矣, 抑末也, 本之則無, 如之何. 子夏聞之曰, 噫, 言游過矣, 君子之道, 孰先傳焉, 孰後倦焉, 譬諸草木, 區以別矣, 君子之道, 焉可誣也, 有始有卒者, 其惟聖人乎.

동전의 양면
子夏曰, 仕而優則學, 學而優則仕.

예의 근본은 마음
子游曰, 喪致乎哀而止.

능력에 못 미치는 인격
子游曰, 吾友張也, 爲難能也, 然而未仁.

외모에 못 미치는 내면
曾子曰, 堂堂乎張也, 難與並爲仁矣.

인간 본연의 정

증자가 말하였다.

"나는 선생님께 이런 말을 들었다. '사람이 어떤 일에 성심을 다하기란 쉽지 않다. 그러나 부모가 돌아가셨을 때만은 그런 모습을 볼 수 있다.'"

부모의 뜻을 존중함

증자가 말하였다.

"나는 선생님께 이런 말을 들었다. '맹장자孟莊子의 효도 가운데 다른 것은 누구나 할 수 있는 일이지만, 4년 동안 아버지의 신하들과 정책을 바꾸지 않은 것은 보통 사람은 해내기 어려운 일이다.'"

범죄의 사회적 원인

노나라 대부 맹손씨孟孫氏가 증자의 제자 양부陽膚를 법관으로 임명했다. 양부가 찾아와 법관의 도리를 묻자 증자가 말하였다.

"지금 우리 나라는 백성들이 폭정에 시달려 민심이 흩어진 지 오래다. 그러므로 범죄의 진상을 알아내거든 적발한 것을 기뻐하지 말고 그 사람을 불쌍히 여기거라."

여론의 흐름

자공이 말하였다.

"은나라 마지막 임금 주紂는 물론 악인이지만, 사람들이 말하는 것처럼 지독하지는 않았다. 그러나 한번 포악하다는 이름을 얻으니까 물이 하류로 흘러들 듯 온갖 악평이 그에게 돌아갔다. 그렇기 때문에 군자는 매사에 조심하는 것이다. 한번 악평을 듣기 시작하면 걷잡을 수가 없다."

세상의 눈

자공이 말하였다.

"지도자의 과오는 마치 일식이나 월식과 같다. 과오가 있으면 사람들이 다 한눈에 알아보고, 그것을 고치면 사람들이 다 우러러 본다."

인간 본연의 정
曾子曰, 吾聞諸夫子, 人未有自致者也, 必也親喪乎.

부모의 뜻을 존중함
曾子曰, 吾聞諸夫子, 孟莊子之孝也, 其他可能也, 其不改父之臣, 與父之政, 是難能也.

범죄의 사회적 원인
孟氏使陽膚爲士師, 問於曾子, 曾子曰, 上失其道, 民散久矣, 如得其情, 則哀矜而勿喜.

여론의 흐름
子貢曰, 紂之不善, 不如是之甚也, 是以君子惡居下流, 天下之惡皆歸焉.

세상의 눈
子貢曰, 君子之過也, 如日月之食焉, 過也, 人皆見之, 更也, 人皆仰之.

도처에 스승

위나라 대부 공손조公孫朝가 자공에게 물었다.

"공자께서는 어디서 배웠습니까?"

"문왕과 무왕의 가르침이 아직 땅에 떨어지지 않고 사람들 사이에 남아 있습니다. 현명한 사람은 그 가운데 큰 것을 기억하고, 그렇지 못한 사람이라도 작은 것들을 기억하고 있지요. 성현의 가르침이 없는 곳이 없으니, 왜 선생님께서 배울 곳이 없었겠습니까? 선생님께는 스승이 따로 있지 않았습니다."

위대한 스승

노나라 대부 숙손무숙叔孫武叔이 조정에서 다른 대부들에게 말하였다.

"나는 자공이 공자보다 훌륭하다고 봅니다."

자복경백子服景伯이 이 말을 자공에게 전하자 자공이 말하였다.

"궁궐의 담장에 비유해 보지요. 내 담장은 어깨 높이밖에 안 되어서 잘 꾸며진 내부를 들여다볼 수 있지만, 선생님의 담장 높이는 몇 길이나 되므로 문을 제대로 찾아 열고 들어가지 않으면 아름답게 지어진 종묘와 수많은 신하들을 볼 수 없습니다. 그 문을 찾아 들어간 사람이 별로 없으니까 그분이 그렇게 말한 것도 무리는 아니겠지요."

해와 달 같은 존재

숙손무숙이 공자를 헐뜯자 자공이 말하였다.

"쓸데없는 짓이다. 우리 선생님은 헐뜯을 수 없는 분이다. 다른 현자들은 언덕이나 산과 같아서 노력하면 넘을 수도 있지만, 선생님은 해와 달 같아서 도저히 넘어설 수 없다. 사람들이 비록 해와 달을 등지려 한들 해와 달이 무슨 손상을 입겠는가? 그저 말하는 사람의 어리석음을 드러낼 뿐이다."

도처에 스승
衛公孫朝問於子貢曰, 仲尼焉學, 子貢曰, 文武之道未墜於地, 在人, 賢者識其大者, 不賢者識其小者, 莫不有文武之道焉, 夫子焉不學, 而亦何常師之有.

위대한 스승
叔孫武叔語大夫於朝曰, 子貢賢於仲尼. 子服景伯, 以告子貢, 子貢曰, 譬之宮牆, 賜之牆也及肩, 窺見室家之好, 夫子之牆數仞, 不得其門而入, 不見宗廟之美, 百官之富, 得其門者或寡矣, 夫子之云, 不亦宜乎.

해와 달 같은 존재
叔孫武叔毁仲尼, 子貢曰, 無以爲也, 仲尼不可毁也, 他人之賢者, 丘陵也, 猶可踰也, 仲尼日月也, 無得而踰焉, 人雖欲自絶, 其何傷於日月乎, 多見其不知量也.

성인의 경지

진자금陳子禽이라는 사람이 자공에게 말하였다.

"자네가 겸손해서 그렇지, 공자가 어떻게 자네보다 훌륭하겠는가?"

"군자는 말 한마디에 따라 지혜롭다는 이야기를 들을 수도 있고, 그렇지 못하다는 이야기를 들을 수도 있으므로 말을 함부로 해선 안 됩니다. 내가 선생님을 따를 수 없는 것은 마치 사다리로 하늘에 오를 수 없는 것과 같습니다. 만일 선생님께서 나라를 맡아 다스린다면, 백성들이 말 그대로 세우면 서고, 이끌면 따르고, 편안하게 하면 모여들고, 감동시키면 변화할 것입니다. 그래서 백성들은 그 분이 살아 있으면 영광으로 여기고, 세상을 떠나면 하나같이 슬퍼할 것입니다. 내가 그런 분을 어떻게 따를 수 있다는 말입니까?"

성인의 경지

陳子禽謂子貢曰, 子爲恭也, 仲尼豈賢於子乎, 子貢曰, 君子一言以爲知, 一言以爲不知, 言不可不愼也, 夫子之不可及也, 猶天之不可階而升也, 夫子之得邦家者, 所謂立之斯立, 道之斯行, 綏之斯來, 動之斯和, 其生也榮, 其死也哀, 如之何其可及也.

堯曰

요왈

20 역사의 가르침

민본 정치의 역사

요임금이 순舜에게 왕위를 물려주면서 말하였다.

"이제 하늘의 뜻이 그대에게 있으니, 부디 중용中庸의 정치를 펴도록 하라. 만일 백성을 곤궁하게 하면 하늘이 영원히 그대를 버릴 것이다."

뒷날 순임금이 우禹에게 왕위를 물려줄 때도 같은 말을 하였다.

백성들을 위한 정치가 이어지던 하나라는 걸왕桀王 때에 이르러 혼란스러워졌다. 학정이 계속되어 백성들의 원성이 높아지자, 은나라 탕왕湯王이 무력을 일으켜 하왕조를 멸망시켰다.

탕왕이 하늘에 제사지내며 말하였다.

"감히 검은 소를 제물로 하여 거룩하신 하느님께 밝게 아뢰옵니다. 저는 이제 죄 많은 폭군을 정벌하고, 하느님의 착한 백성들을 구하려 합니다. 모든 것은 하느님 마음에 달려 있습니다. 그리고 만일 제가 죄를 짓는다면 백성들과는 관계없는 것이며, 백성들이 죄를 짓는다면 그건 모두 제 책임입니다."

은나라도 주왕紂王 때에 이르러 정치가 포악해졌다. 그러자 주나라 무왕武王이 주왕을 정벌하였다.

무왕이 말하였다.

"우리 주나라는 큰 혜택을 입었는데, 그것은 바로 선한 사람들이 많다는 것입니다. 비록 주紂에게도 훌륭한 친척들이 있긴 하지만 우리의 어진 사람들을 당할 수는 없습니다. 그러므로 혹시 백성들에게 무슨 잘못이 있다면 그건 모두 제 책임입니다."

무왕은 도량형을 통일하고 법과 제도를 정비하여 세상의 질서를 바로잡았다. 멸망한 나라를 다시 일으키고, 끊어진 가문을 이어 주며, 버림받은 인재들을 등용하니 온 세상 인심이 한곳으로 돌아왔다. 무왕은 백성들의 생계와 장례, 제사를 가장 중요하게 생각했다.

이처럼 지도자가 너그러우면 사람들이 따르고, 성실하면 백성들이 신뢰하며, 민첩하면 공적을 이루고, 공정하면 백성들이 기뻐하는 것이다.

민본 정치의 역사

堯曰, 咨爾舜, 天之曆數在爾躬, 允執其中, 四海困窮, 天祿永終. 舜亦以命禹. 曰, 予小子履, 敢用玄牡, 敢昭告于皇皇后帝, 有罪不敢赦, 帝臣不蔽, 簡在帝心, 朕躬有罪, 無以萬方, 萬方有罪, 罪在朕躬. 周有大賚, 善人是富, 雖有周親, 不如仁人, 百姓有過, 在予一人. 謹權量, 審法度, 脩廢官, 四方之政行焉. 興滅國, 繼絶世, 擧逸民, 天下之民歸心焉. 所重, 民食喪祭. 寬則得衆, 信則民任焉, 敏則有功, 公則說.

공자의 정치론

자장이 공자에게 물었다.

"어떻게 해야 정치에 종사할 수 있습니까?"

"다섯 가지 미덕을 존중하고, 네 가지 악덕을 물리칠 수 있다면 정치할 자격이 있다."

"다섯 가지 미덕이란 무엇입니까?"

"다음과 같은 것을 말한다.

첫째, 백성들에게 은혜를 베풀지만 낭비하지 않는 것.

둘째, 백성들에게 일을 시키지만 원망을 사지 않는 것.

셋째, 포부를 실현하고자 하지만 탐욕을 부리지 않는 것.

넷째, 태연하지만 교만하지 않은 것.

다섯째, 위엄이 있지만 사납지 않은 것."

"그 다섯 가지에 대해 좀더 자세히 말씀해 주십시오."

"첫째, 백성들이 진실로 원하는 것을 잘 파악해서 그 일에 힘을 쏟는 것이 곧 은혜를 베풀지만 낭비하지 않는 것 아니겠는가?

둘째, 꼭 필요한 일을 가지고 시기를 잘 선택해서 백성들을 동원하면 누가 원망하겠는가?

셋째, 올바른 정치를 펴고자 하는 포부를 가지고 그것을 실현시킨다면, 탐욕스러울 리가 있겠는가?

넷째, 군자는 사람이 많든 적든, 일이 크든 작든 한결같이 성실하게 임한다. 이것이 태연하지만 교만하지 않은 것 아니겠는가?

다섯째, 군자는 용모를 단정히 하고 엄숙한 표정을 지으므로 사람들이 그 의젓한 모습을 보고 긴장하게 된다. 이것이 바로 위엄이 있지만 사납지 않은 것 아니겠는가?"

자장이 다시 물었다.

"그러면 네 가지 악덕이란 무엇입니까?"

"첫째, 백성들을 교화시키지도 않고 엄한 벌로 다스리는 것인데 이것을 '잔학함' 이라고 한다.

둘째, 미리 주의시키지 않고 결과만을 가지고 따지는 것인데 이것을 '횡포' 라고 한다.

셋째, 명령은 늦게 전달하고 일의 기한을 독촉하는 것인데 이것을 '도적' 이라고 한다.

넷째, 마땅히 주어야 할 것을 놓고 인색하게 구는 것인데 이것을 '창고지기' 라고 한다."

공자의 정치론

子張問於孔子曰, 何如斯可以從政矣, 子曰, 尊五美, 屛四惡, 斯可以從政矣. 子張曰, 何謂五美, 子曰, 君子惠而不費, 勞而不怨, 欲而不貪, 泰而不驕, 威而不猛. 子張曰, 何謂惠而不費, 子曰, 因民之所利而利之, 斯不亦惠而不費乎, 擇可勞而勞之, 又誰怨, 欲仁而得仁, 又焉貪, 君子無衆寡, 無小大, 無敢慢, 斯不亦泰而不驕乎, 君子正其衣冠, 尊其瞻視, 儼然人望而畏之, 斯不亦威而不猛乎. 子張曰, 何謂四惡, 子曰, 不教而殺謂之虐, 不戒視成謂之暴, 慢令致期謂之賊, 猶之與人也, 出納之吝, 謂之有司.

군자의 요건

공자가 말하였다.

"자연의 섭리를 이해하지 못하면 도덕적인 사람이 될 수 없고, 예의를 알지 못하면 사회 활동을 할 수 없으며, 옳고 그른 말을 분별할 줄 모르면 사람의 선악을 알 수 없다."

군자의 요건
子曰, 不知命, 無以爲君子也, 不知禮, 無以立也, 不知言, 無以知人也.

논어

발행일 | 초판 1쇄 2012년 10월 10일

지은이 | 공자
옮긴이 | 한필훈
펴낸이 | 고진숙
펴낸곳 | 안티쿠스
책임편집 | 김종만
북디자인 | 씨엘
인쇄·제본 | 상지사피앤비
물류 | 문화유통북스
출판등록 | 제300-2010-58호(2010년 4월 21일)
주소 | 서울시 종로구 부암동 129-8 울트라타임 730오피스텔 612호
전화 | 02-379-8883, 723-1835
팩스 | 02-379-8874
이메일 | mbook2004@naver.com

값은 뒤표지에 있습니다.
이 책의 무단전재 및 복제를 금합니다.

ISBN 978-89-92801-27-0 03140